PEGGY PORSCHEN®

Mein traumhaft süßes Jahr

ZUR BENUTZUNG DIESES BUCHES

- Einige Entwürfe in diesem Buch beziehen sich auf Rezepte und Techniken, die im Kapitel „Grundlagen" (S. 162–181) ausführlich beschrieben werden. Ich empfehle Ihnen, jedes Rezept gründlich zu lesen, bevor Sie anfangen. So können Sie alle benötigten Zutaten und Utensilien gleich bereitlegen. Auf S. 164 finden Sie eine Liste mit den Backutensilien, die ich verwende, und ab S. 182 eine Übersicht über empfehlenswerte Bezugsquellen.
- Die Backzeiten variieren von Backofen zu Backofen. Nach zwei Dritteln der angegebenen Backzeit sollten Sie daher immer einen Blick in den Ofen werfen. Eventuell müssen Sie das Backblech oder die Kuchenform umdrehen, wenn der Kuchen oder das Gebäck ungleichmäßig bräunen: Viele Öfen haben eine „heiße Stelle".
- Wenn nicht anders angeben, können Sie den üblichen Haushaltszucker verwenden. Und bei den Eiern verwende ich fast immer Gr. M, also mittelgroße Eier.

PEGGY PORSCHEN®

Mein traumhaft süßes Jahr

BEZAUBERNDE SAISONALE BACKREZEPTE UND DEKOIDEEN AUS DER SCHÖNSTEN BÄCKEREI DER WELT

Lifestyle
BUSSE SEEWALD

Inhalt

PEGGY PORSCHEN
cakes
Layer Cakes
Cupcakes

Das Streben nach Schönheit

Der herzerwärmende Duft von Zucker und Gewürzen und die starke Anziehungskraft der Natur, von Flora und Fauna haben mich mein Leben lang begleitet. Ich wuchs in einem kleinen Dorf in der Nähe von Köln auf und liebte es, Kuchen zu backen. Diese Liebe habe ich von meiner Mutter, einer Floristin, und meiner Großmutter geerbt, zusammen mit unzähligen Rezepten und einem großen Wissen. Was könnte idyllischer sein als ein schön gedeckter Tisch mit herrlichen Blumen und liebevoll Selbstgebackenem? Das ist wahres Glück für mich. Meine schönsten Kindheitserinnerungen ranken sich um köstliche Torten und wunderbare Familienzusammenkünfte. Egal, was das Leben gerade bereithält, stets finde ich Trost und Frieden in der Schönheit der Jahreszeiten, die sich in einem köstlich süßen, wunderschönen Gebäck widerspiegelt. Dieses Gefühl möchte ich mit anderen teilen, danach strebe ich voller Begeisterung bereits mein ganzes Leben lang.

Es kam daher für meine Familie nicht überraschend, als ich verkündete, von einer Karriere als Torten-Designerin zu träumen. Doch der Weg zum Erfolg war nicht selbstverständlich. Mein Vater war überzeugt davon, dass ein traditionellerer Beruf mehr Sicherheit versprach, und versuchte mich dahin zu bringen, meine Leidenschaft als Hobby auszuüben und meine Karriere anderswo zu beginnen. In dieser Zeit der Bestimmungsfindung entschied ich mich, Stewardess zu werden, und entdeckte bei regelmäßigen Aufenthalten in London die Kunst der „britischen Zuckerbäckerei". Als ich meinem Vater davon erzählte, sagte er: „Dann mach das, aber streng dich an, damit du eine der Besten wirst." Angetrieben von meiner Sehnsucht nach einem Leben als Konditorin und fest entschlossen, mich zu beweisen, schrieb ich mich an der Le Cordon Bleu ein, der berühmten Londoner Schule für kulinarische Künste. 1999 erlangte ich überglücklich das *Grand Diplôme de Cuisine et Pâtisserie*.

Die Zeit kurz vor dem Jahrtausendwechsel war aufregend und energiegeladen. Ich war überzeugt davon, dass alles möglich ist, und stürzte mich in die angesehene Position als Patisserie-Chefin des Lanesborough Hotel. Später arbeitete ich als Tortendekorateurin bei der berühmten Konditorei Konditor & Cook. Auch wenn ich damals noch nicht verheiratet war (die Hochzeit mit Bryn, der zugleich mein Geschäftspartner wurde, kam erst später), kaufte ich jeden Monat alle neuen Hochzeitsmagazine. Ich war einfach verliebt in die verrückten Themen darin und natürlich immer am allermeisten auf die Tortenentwürfe gespannt. Dabei entdeckte ich eine der wunderschönsten Torten, die ich jemals gesehen hatte, gefertigt für Lucy Gemmell, Gründerin und Geschäftsführerin des exklusiven Caterers Rhubarb Food Design. Ich dachte: „Für dieses Unternehmen musst du arbeiten!", und das Glück wollte es, dass ich schon bald dort begann.

Kurz darauf gelang mir mein erster Durchbruch, als Rhubarb das Catering für Sir Elton Johns jährlichen „White Tie and Tiara Ball" übernahm. Das kreative Briefing verlangte ein essbares Fabergé-Ei, und ich nahm die Herausforderung an: Nach tagelangem Experimentieren machte sich ein achtköpfiges Team daran, 14.000 perlmutt-rosafarbene und perlmutt-blaue Mini-Blüten für 550 Eier zu fertigen. So bekam jeder Gast ein essbares Fabergé-Ei, das unter seiner goldenen Krone das Dessert enthielt. Die Medien flippten aus und die Eier waren wirklich überall zu sehen. Es dauerte nicht lange, bis erste Anfragen für Hochzeitstorten von berühmten Persönlichkeiten eintrafen.

Auf dem Höhepunkt dieser Erfolgswelle gründete ich 2003 meine eigene Cake Company. Ich nutzte all mein Wissen und meine Erfahrung und stürzte mich mit Herz und Seele in das Unternehmen. Ich aß, schlief und atmete Torten und folgte meinem Instinkt, um Grenzen im Cake-Design einzureißen. Doch es blieb in mir die Sehnsucht, meine Leidenschaft mit anderen zu teilen, und nach der Rezession im Jahr 2008 ergriff ich die Chance für einen Richtungswechsel.

Die Eröffnung meines bildhübschen Peggy Porschen Parlour im Londoner Stadtteil Belgravia 2010 dann war das Sahnehäubchen. Ich wusste, dass ich inmitten dieser malerischen Nachbarschaft mit ihren kleinen Kunst- und Kunsthandwerkerläden meine Heimat gefunden hatte. Es gab keinen besseren Ort, um meine eigene Kunst zu präsentieren. Der eigene Charakter meines Salons entwickelte sich praktisch von selbst, denn hier konnte ich endlich meine Liebe zu märchenhaftem Rosa, moderner Romantik und ausgefallener Tortenkunst jeden Tag aufs Neue ausleben. Vom ersten Tag an war das Café sinnbildhaft für mein Streben nach Schönheit, und instinktiv strich ich die Fensterfront in Zuckerguss-Rosa. Das hatte sich vorher noch niemand getraut und hätte polarisieren können, aber stattdessen zog es die Menschen an. Das Café präsentierte liebegewonnene Klassiker im neuen Gewand und erlaubte es Besuchern von nah und fern, sich auf ihr kindliches Ich zu besinnen. Genau wie es vielen Rezepten in diesem Buch eigen ist.

Als ich mich nach der Geburt unseres Sohnes Max 2013 entschied, keine Torten mehr auf Bestellung zu designen, legten Bryn und ich den Fokus auf „verzehrbereite" Kollektionen und die Gäste vor Ort. Als Hommage an die RHS Chelsea Flower Show brachten wir eine aufwendige Blumendekoration außen am Café an. Sie wurde ein phänomenaler Erfolg, der uns geradewegs auf das Cover von Reisemagazinen, in Werbekampagnen von Fluggesellschaften und in die sozialen Netzwerke katapultierte. Unsere wunderhübsche „rosa Ecke" avancierte zu einem Top-Ziel für Torten- und Designliebhaber aus der ganzen Welt.

Wir sahen das Café plötzlich in ganz neuem Licht und beschlossen, fortan unsere Gebäck- und Torten-Kollektionen mit saisonalen Dekorationen zu vereinen, und so begann ein inspirierender kreativer Prozess. Zusammen mit dem wunderbaren Floristen und Stylisten Mathew Dickinson entwickeln wir für jede Jahreszeit ein neues kreatives Thema. Wir haben eine Vorlaufzeit von sechs Monaten und arbeiten viele Stunden an unseren Entwürfen, bis wir die neueste Dekoration und Torten-Kollektion endlich enthüllen können – daher war es uns bei diesem Buch so wichtig, neben den Rezepten auch Blicke hinter die Kulissen zu gewähren.

Nach der erfolgreichen Eröffnung unseres neuesten Flaggschiffs, dem Peggy Porschen Chelsea, im Jahr 2019 und der Vertragsunterzeichnung für dieses Buch (inzwischen mein zehntes) ritten wir erneut auf einer Welle des Triumphs. Wir wussten nicht, was uns erwartete, hatte die Covid-Pandemie 2020 doch viele Unternehmen aus der Gastronomie und der Reisebranche zu einem abrupten Stillstand gebracht. Zuvor hatten Gäste aus aller Welt vor dem Café Schlange gestanden und meist waren wir am Wochenende im Nu ausverkauft gewesen. Doch plötzlich mussten auch wir vorübergehend unsere Türen schließen.

Zwar sind die beiden Cafés nach mir benannt, doch zweifelsohne sind sie die gemeinsame Leistung von Bryn und mir – ohne den jeweils anderen wären wir nicht da, wo wir heute sind. Deshalb haben wir den „Lockdown" genutzt, um uns wieder auf das zu besinnen, was uns für unser Unternehmen wirklich wichtig ist. Mit Blick auf unsere Anfänge ist das ganz offensichtlich: Es ist die Liebe zu exquisiten Backwaren und das Bedürfnis, sich ständig weiterzuentwickeln und diese wundervolle Kunst auf schönste Weise zu präsentieren. Wir haben so viele Pläne für die Zukunft von „Peggy Porschen Cakes" und es ist unser größter Wunsch, dass unsere treuen Fans uns weiterhin mit Genuss auf dieser Reise begleiten mögen.

Für mich war die Entstehung der Peggy Porschen Parlours eine natürliche Entwicklung. Sie wurden geboren aus der Leidenschaft für das, was ich mache, und werden gepflegt, gefördert und geliebt wie Kinder. Ich bin mit vollem Einsatz bei der Sache und habe noch nie etwas halbherzig getan. Diese Perfektion mag meine Schwäche sein, doch gleichzeitig ist sie auch die Quelle meiner Stärke. Automatisch fühle ich mich von gleichgesinnten Menschen angezogen und ich glaube, es ist wichtig, ein kreatives Team hinter sich zu wissen. Das Café ist inzwischen zehn Jahre alt und ich bin nun bereit, meine Tipps und Inspirationen für jahreszeitliche Kompositionen zu teilen, damit auch Sie durch die (nach meinem Empfinden therapeutische) Kunst des Backens und Dekorierens Ihren Events Magie verleihen können. Genießen Sie es!

In Liebe
Peggy x

EIIR

Valentinstag

Der Rhythmus der Jahreszeiten bestimmt die Themen der Kollektionen und Dekorationen in unseren Cafés. Und gerade zum Valentinstag lässt dieser jahreszeitliche Wechsel mein Herz im wahrsten Sinne schneller schlagen. Da unser Unternehmen auf der Liebe zur Romantik fußt und seine Stärke aus allem zieht, was rosa und hübsch ist, passt dieser Tag in vielerlei Hinsicht am besten zu uns. Schließlich ist das Geschenk einer erlesenen Torte ein Liebesbeweis, der über alle Generationen hinweg geschätzt wird.

Kreativ inspiriert versuchen wir, in dieser Zeit der Liebe durch eine moderne Brille zu schauen, um einen Weg zu finden, auf künstlerische Weise zeitlose Klassiker so zu gestalten, dass sie mit unserer aktuellen Haltung zu Liebe vereinbar sind. Wir haben so in den vergangenen Jahren viele wundervolle Themen entwickelt. Bei *„La Vie en Rose"* etwa erweckten wir auf kapriziöse Weise den Pariser Charme zum Leben. Und bei *„Sugar Crush"* entstanden in Zusammenarbeit mit der fabelhaften Lulu Guinness Hommages an ihre legendären Handtaschen in Kussmund-Form.

Mein absolutes Lieblingsthema war *„Love Letters"* im Jahr 2020. Hier drehte sich alles um den selbst verfassten Liebesbeweis und den Rückblick auf eine Zeit, als Briefeschreiben zu den romantischsten Beschäftigungen überhaupt zählte. Wir arbeiteten mit der Londoner Schreibwarenfirma Martha Brook zusammen und boten unsere gebackenen Köstlichkeiten mit Geschenkanhängern versehen an. Gleichzeitig wurde das Café mit rosafarbenen Briefkästen und übergroßen Briefen am Fenster dekoriert, um einige der größten Liebesgeschichten aller Zeiten zu feiern. Deshalb sind meine Lieblingsrezepte in diesem Kapitel die Love Letter Cookies und die Sealed-with-a-Kiss-Cupcakes. Egal, ob Sie den Tag mit Partner, Freunden oder der Familie verbringen, für mich gehört zu jeder Valentinstagsfeier, gemeinsam mit Liebe gebackene Köstlichkeiten zu genießen.

POST OFFICE
E
love you more
NEXT
COLLECTION

Love Letter Cookies

Es gibt wohl nichts Romantischeres, als seine Zuneigung in einem Liebesbrief auszudrücken. Inspiriert durch unsere Valentinstagsdekoration 2020, habe ich dieses Cookie-Design als eine Art „Liebesbeweis" entworfen, in den (ganz einfach) eine von Herzen kommende süße Botschaft eingeprägt wird.

FÜR 12 COOKIES

Für die Cookies

1 Portion Zucker-Cookie-Teig (s. S. 165), mit 1 TL Vanilleextrakt aromatisiert
Mehl zum Bestäuben

Für die Dekoration

Lebensmittelfarbpaste in Fuchsia
1 Portion Halb-und-Halb-Paste (s. S. 166)
Puderzucker oder Speisestärke zum Bestäuben
Pflanzenfett, weiß
essbares Perlmutt-Glanzspray (s. S. 182)
2 EL Royal Icing, cremige Konsistenz (s. S. 167)

Utensilien (s. S. 164, Grundausstattung, und S. 182, Bezugsquellen)

Briefumschlag-Keksausstecher (s. S. 182; oder Sie verwenden die Vorlage unten gemäß der Anleitung auf S. 14)
kleiner Herz-Ausstecher (Ø 2–3 cm)
Stempel „love" und „love you more"
kleiner Spritzbeutel (zum Selbermachen, s. S. 168)

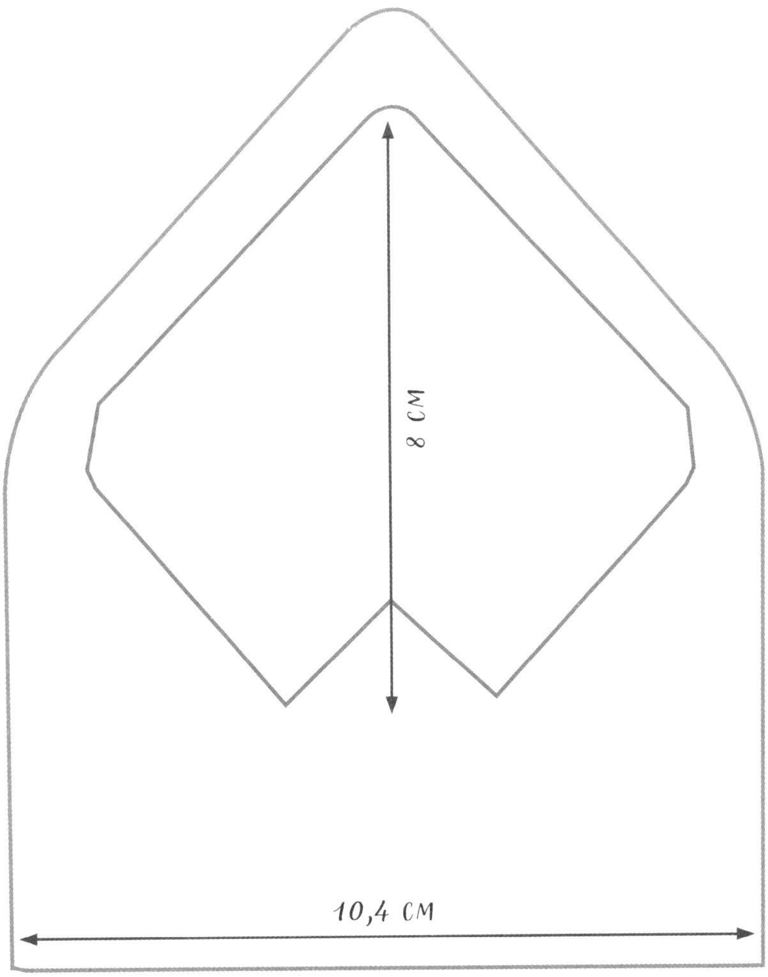

BACKEN DER COOKIES

Den Backofen auf 175 °C (Umluft) vorheizen und zwei Backbleche mit Backpapier auslegen.

Erstellen Sie mit der Vorlage auf S. 13 zwei Schablonen für die Cookies: einmal den offenen Brief, einmal das kleinere Brief-Innenfutter. Übertragen Sie die Vorlage dafür auf einen Karton oder kopieren Sie sie und kleben Sie sie auf den Karton; dann ausschneiden.

Den gekühlten Zucker-Cookie-Teig kurz durchkneten, damit er geschmeidiger wird. Auf einer bemehlten Arbeitsfläche 5 mm dick ausrollen.

Mit dem großen Briefumschlag-Ausstecher etwa 12 Cookies ausstechen. Bei Verwendung einer eigenen Vorlage legen Sie diese auf den Teig und umfahren Sie sie mit einem Küchenmesser. Die Briefe im Abstand von jeweils 1 cm auf die vorbereiteten Backbleche legen. Das Backpapier sollte ganz glatt liegen und an den Rändern beschwert werden, da die Cookies bei Umluft gebacken werden und sie sonst vom Blech abgehoben werden könnten. Die Cookies auf den Backblechen 10 Min. kühl stellen.

Im vorgeheizten Ofen 8–12 Min. backen, dabei die Backbleche einmal drehen, damit die Cookies gleichmäßig backen. Sie sollten schön goldbraun aus dem Ofen kommen und bei leichtem Druck noch etwas zurückspringen. Die Cookies auf den Blechen abkühlen lassen.

DEKORIEREN DER COOKIES

240 g der Halb-und-Halb-Paste mit der fuchsiafarbenen Lebensmittelfarbe pastellrosa einfärben (s. S. 166). Die restliche weiße Paste in Frischhaltefolie wickeln.

Eine ebene Arbeitsfläche oder ein Kunststoffbrett mit Speisestärke bestäuben. Einen Teigroller dünn mit Pflanzenfett bestreichen und die gefärbte Paste 1 mm dick ausrollen.

Mit dem Stempel „love" oder „love you more" in die Paste drücken, dabei drumherum ausreichend Platz für die Brief-Innenfutter-Formen lassen. Mit dem Innenfutter-Ausstecher die Innenfutter-Formen so ausstechen (bzw. Ihre Schablone verwenden und diese so ausschneiden), dass die Botschaft jeweils genau in der Mitte liegt. Insgesamt 12 Innenfutter herstellen. Auf einer mit Puderzucker oder Speisestärke bestäubten Arbeitsfläche ruhen lassen und mit Frischhaltefolie abdecken. Die restliche Paste bis zur weiteren Verwendung in Folie einwickeln.

Nun die weiße Halb-und-Halb-Paste 1 mm dick ausrollen. Mit dem großen Briefumschlag-Ausstecher 12 Brief-Formen ausstechen (bzw. Ihre Schablone verwenden und diese ausschneiden). Auf einer ebenen, bestäubten Arbeitsfläche 5–10 Min. aushärten lassen. Die restliche Paste für später beiseitelegen. Sobald die weißen Umschläge fest sind, mit dem Innenfutter-Ausstecher die Teile daraus ausstechen, sodass später die Innenfutter-Elemente eingesetzt werden können.

Die rosa Innenfutter-Elemente dünn mit essbarem Glanzspray besprühen, sodass sie wie Seidenpapier schimmern.

Die Innenfutter-Elemente vorsichtig in die weißen Formen einsetzen. Solange die farbigen Innenfutter weich sind, können sie noch gut positioniert werden. Es sollen keine Lücken zwischen den Elementen bleiben.

1 EL Royal Icing mit 1 TL Wasser zu einem Zuckerkleber verrühren. Die Oberseite der Cookies mehrmals dünn damit einpinseln. Das Palettenmesser unter einen fertigen Zuckerpasten-Umschlag schieben und diesen auf einen Briefumschlag-Cookie setzen. Das Element etwas andrücken, solange es noch geschmeidig ist, damit zwischen Cookie und Dekoration keine Lücken entstehen. Die restlichen Cookies genauso dekorieren.

Die Reste der Halb-und-Halb-Paste mit fuchsiafarbener Lebensmittelfarbe kräftig rosa einfärben. Die Paste etwa so dick wie ein Lineal ausrollen und ein Herz pro Cookie ausstechen.

Das restliche Royal Icing in einen kleinen Spritzbeutel füllen und eine kleine Spitze unten abschneiden. Damit die Konturen des Briefumschlags aufspritzen.

Mit dem Zuckerkleber ein Herz auf jeden Cookie kleben und ruhen lassen, bis alles vollständig getrocknet ist.

LOVE
Love

Sealed with a Kiss

SCHOKO-HIMBEER-CUPCAKES

Wahrlich himmlisch komponiert, ist dieser Cupcake der Star unserer Valentinstags-Kollektion. Das Schokoladen-Biskuit ist gehaltvoll und samtig weich, während die Himbeer-Baiser-Buttercreme durch Eleganz und Leichtigkeit besticht. In der Mitte versteckt sich ein fruchtiger Kern aus Himbeerkonfitüre, die die Opulenz der Schokolade und die Süße der Buttercreme perfekt ausbalanciert. Gekrönt von einem einfachen, selbst gemachten Zucker-Wachssiegel fliegen diesem Cupcake alle Herzen zu.

FÜR 24 CUPCAKES

Für die Zucker-Wachssiegel

150 g Halb-und-Halb-Paste (aus 75 g Zuckerpaste + 75 g Zuckerblütenpaste, s. S. 166)
Lebensmittelfarbpaste in Weinrot (s. S. 182)
Pflanzenfett, weiß
essbares Perlmutt-Glanzspray (s. S. 182)

Für die Schoko-Cupcakes

105 g Butter, weich
285 g brauner Zucker
125 g dunkle Schokolade (mind. 53 % Kakaoanteil), zerkleinert oder als Streusel
165 ml Milch
2 Eier, Gr. L
180 g Mehl
½ TL Backpulver
½ TL Natron
1 Prise Salz
1 EL Kakaopulver

Für die Himbeerfüllung

120 g frische Himbeeren
100 g Himbeerkonfitüre

Für die Himbeer-Baiser-Buttercreme

125 Himbeerpüree (aus 250 g frischen oder TK-Himbeeren, s. S. 179), kalt
1 Cupcake-Portion Baiser-Buttercreme (s. S. 176)

Für die Dekoration

24 frische Himbeeren
24 g gefriergetrocknete essbare Rosenblätter (s. S. 182)
rosafarbene Zuckerperlen (s. S. 182)

Utensilien (s. S. 164, Grundausstattung, und S. 182, Bezugsquellen)

Prägestempel mit Rosensiegel
2 Muffinbleche mit je 12 Mulden
24 rote Papierförmchen
großer Spritzbeutel mit großer engzahniger Sterntülle
Melonenausstecher

HERSTELLEN DER ZUCKER-WACHSSIEGEL

Die Halb-und-Halb-Paste mit wenig weinroter Lebensmittelfarbe pastellrosa färben (s. S. 166). Die Paste in Frischhaltefolie wickeln und 10 Min. ruhen lassen, damit sie etwas fester wird.

Die Paste zu einer 1 cm dicken Rolle formen und mit dem Küchenmesser 1 cm dicke Scheiben abschneiden.

Jede Scheibe mit den Fingern zu einer Kugel formen, dabei wenig Pflanzenfett hinzugeben, damit die Paste geschmeidig bleibt.

Den Metallstempel für das Rosensiegel und die Arbeitsfläche dünn mit Pflanzenfett bestreichen.

Eine Kugel auf die Arbeitsfläche legen und den Prägestempel in die Paste drücken, bis die Paste über den Rand des Stempels quillt. Den Stempel abnehmen: Das Rosensiegel sollte nun deutlich zu erkennen sein. Insgesamt 24 Siegel herstellen.

Die Siegel mit dem essbaren Perlmutt-Glanzspray besprühen und trocknen lassen. Die Siegel halten sich an einem trockenen Ort einige Tage und lassen sich daher gut vorbereiten.

BACKEN DER SCHOKO-CUPCAKES

Den Backofen auf 160 °C (Umluft) vorheizen und Papierförmchen in die Mulden der Muffinbleche setzen.

Butter und die Hälfte des Zuckers in der Schüssel der Küchenmaschine blass und schaumig rühren. Das braucht etwas Zeit, deshalb diesen Schritt zuerst ausführen, sodass ausreichend Luft in die Masse kommt.

Schokolade, Milch und den restlichen Zucker in einem kleinen Topf bei schwacher Hitze fast zum Kochen bringen, dabei zwischendurch umrühren, damit die Schokolade nicht anbrennt.

In einer zweiten Schüssel die Eier verquirlen und nach und nach zur Buttermischung geben, dabei auf niedriger Stufe ständig rühren.

Mehl, Backpulver, Natron, Salz und Kakaopulver sieben und in zwei Portionen nach und nach zur Buttermischung geben, dabei auf niedriger Stufe ständig rühren und erst eine Portion gut verrühren, bevor die zweite dazugegeben wird.

Sobald die Schokolade geschmolzen und die Milch erwärmt ist, den Topf vom Herd nehmen und die Schokoladenmilch auf niedriger Stufe in den Teig einrühren. Mit einem Teigspatel die Teigreste vom Boden der Schüssel abkratzen und mit einarbeiten.

Den Schokoteig in einen Becher mit Ausguss füllen und so in die Mulden füllen, dass diese je zu zwei Dritteln gefüllt sind.

Die Muffins noch warm in den vorgeheizten Ofen schieben und 15–20 Min. backen.

Die Cupcakes sind fertig, wenn die Oberseiten bei leichtem Druck nachgeben und sich die Ränder der Förmchen vom Blech lösen. Sie sollten weich und noch etwas klebrig sein. Beispielsweise mit einem Messer die Stäbchenprobe machen: Beim Herausziehen sollte noch ein wenig Teig an der Klinge kleben.

Aus dem Ofen nehmen und einige Minuten abkühlen lassen.

Die abgekühlten Cupcakes 30 Min. kühl stellen, damit das Biskuit fester werden kann.

ZUBEREITEN DER HIMBEERFÜLLUNG

Die frischen Himbeeren mit 1 EL Wasser in einem kleinen Topf kochen, bis sie weich sind und in sich zusammenfallen.

Mit der Gabel zum Püree zerdrücken. Die Füllung soll dicklich sein. Ist das Püree zu dünnflüssig, die Masse weiter einkochen.

Vollständig auskühlen lassen.

Die Konfitüre unter das erkaltete Himbeerpüree rühren. Mit Frischhaltefolie abdecken und bis zum Füllen der Cupcakes beiseitestellen.

ZUBEREITEN DER HIMBEER-BAISER-BUTTERCREME

Das gekühlte Himbeerpüree nach und nach unter die Baiser-Buttercreme rühren. Püree und Buttercreme sollten zimmerwarm sein, damit sich die Masse nicht trennt.

FÜLLEN UND DEKORIEREN DER CUPCAKES

Aus der Mitte jedes Cupcakes mit einem Melonenausstecher eine kleine Mulde ausstechen.

Mit einem Teelöffel die Himbeerfüllung hineingeben.

Die Himbeer-Baiser-Buttercreme in einen Spritzbeutel mit großer engzahniger Sterntülle füllen. Auf jeden Cupcake eine große Rosette aus Buttercreme spritzen.

Die weiche Creme mit einer Himbeere, einem Rosenblütenblatt, einem Zuckersiegel und rosa Zuckerperlen dekorieren.

Möglichst direkt servieren oder 30 Min. kühl stellen, bis die Buttercreme etwas fest geworden ist, und erst dann transportieren. Vor dem Genießen Zimmertemperatur annehmen lassen. Die Zuckersiegel können schmelzen, wenn sie feucht werden, darum sollten die Cupcakes innerhalb von 24 Stunden verzehrt werden, nachdem die Siegel aufgelegt sind.

DEKOIDEEN FÜR DEN VALENTINSTAG

Ich persönlich finde, dass Kränze nicht nur etwas für Weihnachten sind, sondern das ganze Jahr über saisonal gestaltet eingesetzt werden können. Hängen Sie am Valentinstag beispielsweise einen schlichten herzförmigen Blütenkranz mit pinkfarbenem Satinband ins Fenster. Wenn Sie Ihre Lieben beeindrucken möchten, lassen Sie einen guten Kalligrafen eine Liebesbotschaft oder die Namen von Ihnen und Ihrem Schatz auf ein Banner schreiben, das Sie über dem Herzkranz befestigen.

♡

Um das *„Love Letters"*-Thema aus diesem Kapitel aufzugreifen, können Sie kleine rosa Briefkästen leihen. Entsprechende Anbieter finden Sie in der Hochzeitsbranche. Seidenrosen sind eine gute Investition, wenn Sie Ihr Zuhause häufig neu dekorieren: Im Gegensatz zu frischen Blumen halten sie ewig und können immer wieder verwendet werden. Das Angebot wächst ständig und es lohnt sich, die hier angegebenen Bezugsquellen im Auge zu behalten. Für das perfekte Briefkasten-Arrangement lassen Sie die Seidenblumen kaskadenartig am Briefkasten herabfallen.

♡

Wunderschöne Schreibwaren in Pastellrosa und Weiß bietet Martha Brook an. Auch Kalligrafiekurse kann man bei ihr belegen. Ich nahm selbst an einem solchen Kurs teil und war überrascht, wie schnell ich einfache, aber wirkungsvolle Schreibtechniken erlernen konnte. Diese Fähigkeit ist wunderbar, um Karten und Geschenkanhänger besonders zu machen.

♡

Perfekt wird die Dekoration, wenn Sie die Blüten-Briefkästen mit hübschen Umschlägen verzieren und bekannte Liebesgedichte und Zitate auf Papier schreiben. Online finden Sie wunderschöne Stempel mit Rosen, Herzen und Initialen für Zuckersiegel. Solche Details haben immer eine wundervolle Wirkung.

PEGGY PORSCHEN
cakes

PEGGY PORSCHEN®

Heart to Heart

ERDBEERTORTE MIT MARC DE CHAMPAGNE

Dieses großartige Design beweist, dass Backen Liebe ist! Der die Leidenschaft spiegelnde Farbverlauf in der Buttercreme von Pink zu Elfenbein bereitet die perfekte Kulisse für eine Feier, bei der die Torte mit Streudekor und Zuckerherzen aller Aufmerksamkeit auf sich ziehen wird. Innen wie außen ein Traum, hält dieses köstliche Vanille-Biskuit eine Buttercreme mit Erdbeeren und Marc de Champagne zusammen.

FÜR 1 SCHICHTTORTE, Ø 15 CM (FÜR 10 PERS.)

Für die Zuckerherzen

50 g Halb-und-Halb-Paste (25 g Zuckerpaste + 25 g Zuckerblütenpaste, s. S. 166)
Lebensmittelfarbpaste in Fuchsia (s. S. 182)
Pflanzenfett, weiß

Für den Zuckersirup

150 g Zucker
150 ml Wasser
1 EL Marc de Champagne oder 1 TL Vanilleextrakt

Für das Vanille-Biskuit

200 g Butter, weich
1 Prise Salz
200 g Zucker
1 TL Vanilleextrakt
4 Eier, Gr. M, zimmerwarm
200 g Mehl, gesiebt
2 TL Backpulver

Für die Erdbeer-Baiser-Buttercreme

80 g Erdbeerpüree (aus 150 g frischen Erdbeeren, s. S. 179), kalt
ca. 2 EL Marc de Champagne oder 1 TL Vanilleextrakt
1 Schichttorten-Portion Baiser-Buttercreme (s. S. 176)

Für die Streudekor-Mischung

rosafarbene und rote Glitzer-Zuckerherzen (s. S. 182)
rosafarbene und rote Zuckerperlen (s. S. 182)
silberne Zuckerperlen (s. S. 182)
silberne Zuckerstäbchen (s. S. 182)

Utensilien (s. S. 164, Grundausstattung, und S. 182, Bezugsquellen)

Herzpralinen-Silikonform (Ø 1,5 cm)
3 flache Backformen, Ø 15 cm
Ölsprüher
dünne Tortenunterlage, Ø 15 cm
großer Spritzbeutel
Lochtülle (nach Belieben) und Sterntülle

HERSTELLEN DER HERZEN

Die Halb-und-Halb-Paste mit wenig weinroter Lebensmittelfarbe hellrosa färben (s. S. 166). Die Paste in Frischhaltefolie wickeln und 10 Min. ruhen lassen, damit sie etwas fester wird.

Die Herzpralinen-Silikonform dünn mit Pflanzenfett bestreichen.

Die Paste zu einer Rolle formen und drei haselnussgroße Stücke abschneiden.

Das erste Stück zu einer Kugel rollen und in die Herzform drücken. Die Oberseite glattstreichen, überstehende Paste abschaben.

Zum Herausnehmen die Form nach außen umbiegen, bis das Herz herausfällt. Aushärten lassen. Insgesamt drei Herzen herstellen.

Die Paste weiter einfärben, bis sie schön pinkfarben ist. Wie beschrieben drei weitere Herzen herstellen.

Den letzten Rest der Paste dunkelpink einfärben und wie beschrieben vier weitere Herzen herstellen.

Die Herzen sind an einem trockenen Ort bei Zimmertemperatur einige Tage haltbar und lassen sich gut vorbereiten.

HERSTELLEN DES ZUCKERSIRUPS

Zucker und Wasser in einem Topf aufkochen und köcheln lassen, bis sich der Zucker aufgelöst hat. Den Topf vom Herd nehmen und den Sirup abkühlen lassen.

Marc de Champagne (oder Vanilleextrakt) in den abgekühlten Sirup einrühren.

BACKEN DER BISKUITBÖDEN

Den Backofen auf 175 °C (Umluft) vorheizen. Die drei Backformen mit Öl einsprühen und mit Backpapier auslegen.

Butter, Salz, Zucker und Vanilleextrakt in der Schüssel der Küchenmaschine auf mittlerer bis hoher Stufe blass und schaumig rühren.

In einer zweiten Schüssel die Eier leicht verquirlen und nach und nach unter Rühren auf mittlerer Stufe zur Buttermischung gießen. Es sollte sich alles gut verbinden; eventuell kurz warten, dann mehr hinzugeben und einrühren. Eier und Butter sollten zimmerwarm sein, damit sich der Teig nicht trennt. Sollte das passieren, 1 EL Mehl unterrühren, um den Teig zu binden, und erst dann weitere Eier hinzufügen.

Nun das Mehl mit dem Backpulver mischen und in zwei Portionen unterheben, dabei jede Portion gründlich einrühren. Mit einem Teigspatel die Teigreste vom Boden der Schüssel abkratzen und mit einarbeiten.

Den Teig gleichmäßig auf die Backformen verteilen und vorsichtig bis zum Rand hin verstreichen. An den Seiten sollte er etwas höher sein als in der Mitte, damit das Biskuit beim Backen gleichmäßig aufgeht.

Im vorgeheizten Ofen 20–30 Min. backen. Das Biskuit ist fertig, wenn sich die Ränder von der Form lösen und die Oberseite bei leichtem Druck zurückspringt. Sie können auch die Stäbchenprobe machen: Wenn Sie ein Messer oder ein Holzstäbchen einstechen, sollte beim Herausziehen nichts mehr daran haften.

Die Biskuitböden 10–15 Min. in den Formen abkühlen lassen und die Oberseiten mit dem Zuckersirup bestreichen. So bildet sich auf den Böden keine harte Kruste und die Wärme sorgt dafür, dass Feuchtigkeit und Aromen gleichmäßig aufgenommen werden. Den restlichen Sirup zum Zusammensetzen der Torte beiseitestellen.

Die abgekühlten Biskuitböden vorsichtig aus den Backformen heben. Dabei die Ränder nicht beschädigen und eventuell ein kleines Küchenmesser zu Hilfe nehmen. Die Biskuitböden auf einem Kuchengitter vollständig auskühlen lassen.

Die Biskuitböden können gut am Vortag gebacken werden. Dann mit Alu- oder Frischhaltefolie abdecken und über Nacht in den Kühlschrank stellen.

HERSTELLEN DER ERDBEER-BAISER-BUTTERCREME

Marc de Champagne (oder Vanilleextrakt) in das kalte Erdbeerpüree einrühren.

Ein Drittel der Baiser-Buttercreme in eine zweite Schüssel abfüllen und beiseitestellen.

Das Püree mit den restlichen zwei Dritteln der Buttercreme gut verrühren. Püree und Buttercreme sollten zimmerwarm sein, damit sich die Masse nicht trennt.

ZUSAMMENSETZEN UND DEKORIEREN DER TORTE

Die Biskuitböden mit der Erdbeer-Baiser-Buttercreme und dem Zuckersirup zusammensetzen und die Krümelschicht aufbringen (s. S. 172).

Die restliche Erdbeer-Baiser-Buttercreme in zwei gleichgroße Portionen teilen. Eine Portion mit fuchsiafarbener Lebensmittelfarbe leuchtend dunkelrosa einfärben. Nach Belieben die zweite Portion ebenfalls noch ein wenig einfärben.

Wenn die Krümelschicht fest ist, die Torte wieder auf den Drehteller setzen und mit einem Palettenmesser die Oberseite gleichmäßig mit der zuvor beiseitegestellten weißen Baiser-Buttercreme bestreichen.

Die folgenden Schritte illustrieren die Fotos auf S. 26 und 27.

Tragen Sie zuerst an den Seiten drei gleich breite Streifen der verschieden gefärbten Buttercreme auf: unten dunkelrosa, in der Mitte hellrosa, oben weiß. (Alternativ die verschieden gefärbten Cremes je in einen Spritzbeutel mit Lochtülle geben und in Ringen aufspritzen.)

Beginnen Sie mit der untersten Schicht: Die dunkelrosa gefärbte Buttercreme auf dem unteren Drittel der Seiten verstreichen. Dann das mittlere Drittel mit der Buttercreme in Hellrosa bestreichen und das obere Drittel mit der ungefärbten Creme. Reste der ungefärbten Buttercreme zum späteren Aufspritzen von Rosetten aufbewahren.

Die Creme-Streifen mit dem Seitenglätter glatt ziehen. Sollte es beim ersten Mal nicht perfekt werden, den Seitenglätter säubern und mehrmals um die Torte herumziehen, bis die Seiten ganz glatt sind. Es sollte kein Biskuitboden mehr durchscheinen.

Überschüssige Buttercreme auf der Oberseite der Torte mit Palettenmesser oder Seitenglätter vom Rand zur Mitte hin verstreichen. Die Torte auf eine Tortenunterlage setzen und 1 Std. kühl stellen.

Alle Zuckerperlen in einer Schüssel mischen.

Ein Backpapier so zuschneiden, dass es einige Zentimeter größer ist als die Tortenoberseite. Die gekühlte Torte aus dem Kühlschrank nehmen und das Backpapier auflegen. Ein Tortenblech (oder den herausnehmbaren Boden einer Backform) zur Verstärkung auf das Backpapier legen und die Torte vorsichtig, aber zügig umdrehen, sodass die Oberseite unten liegt.

Die Zuckerperlen mit den Händen gleichmäßig rundherum am oberen Tortenrand (der jetzt unten liegt) verteilen und festdrücken. Dadurch, dass die Torte umgedreht auf einer ebenen Oberfläche steht, entsteht so ein sauberer Rand.

Die Torte wieder umdrehen, das Tortenblech entfernen und mit der Pinzette einige Zuckerstäbchen auf den Zuckerperlen verteilen. Dann erst das Backpapier vorsichtig von der Tortenoberseite abziehen.

Die restliche ungefärbte Buttercreme eventuell umrühren, damit sie schön glatt ist, und in einen Spritzbeutel mit Sterntülle füllen.

Auf der Oberseite der Torte in gleichmäßigem Abstand 10 gleichgroße Rosetten aus Buttercreme aufspritzen.

Setzen Sie in jede Rosette ein Zuckerherz, wechseln Sie dabei die Farben ab. Am Ende alles mit ein paar weiteren Zuckerperlen bestreuen.

PEGGY PORSCHEN

PEGGY PORSCHEN

PEGGY PORSCHEN

PEGGY PORSCHEN

PEGGY PORSCHEN
cakes

Frühling & Ostern

Das Frühlingserwachen, so willkommen wie das morgendliche Gezwitscher der Vögel, ist meine allerliebste Zeit im Café. Wenn London mit einer Explosion aus zarten Blüten und Knospen zu neuem Leben erweckt wird, werden wir aus unserem Winterschlaf gerissen und wie unter einem Zauber in die vielen Parks und hübschen Stadtviertel gelockt. Unsere Cafés passen sich diesen frühen Blütensinfonien an, und die alljährliche Vorstellung unserer Frühlingskollektion und -dekoration erfüllt mich stets wieder mit Freude und bringt mich zurück in meine Kindertage.

Wir zelebrieren in unseren Cafés den Muttertag (der in Großbritannien im März stattfindet) und natürlich Ostern. Ich liebe die wunderbar von Stimmengewirr und Begeisterung erfüllte Atmosphäre, wenn die Familien zusammenkommen, um zu feiern oder Geschenke für ihre Liebsten zu kaufen.

Der Frühling ist für mich seit jeher auch die schönste Zeit im Jahr, um nach Hause zu fahren und Zeit mit meiner Familie in Deutschland zu verbringen. Zum Osterfest wird der Frühstücktisch schön gedeckt und dekoriert, mit bunten Eiern und einem österlichen Briochebrot, das wir genussvoll essen, bevor die Kinder ungeduldig hinaus in den Garten laufen, um Ostereier zu suchen.

Ob die veganen Gelee-Herz-Cookies zum Muttertag, die schlichten Oster-Baiser-Nester oder die gesprenkelten Osternester auf der eleganten Vanille-Chiffon-Torte – ein echter Höhepunkt auf jeder Festtafel –, all diese Rezepte feiern die Freuden des Frühlings!

Osterküken-Cookies

Dieses entzückende Osterküken ist ein Sinnbild für die Freuden des Frühlings. Auf den ersten Blick scheint die Verzierung schwierig zu sein, doch die Handmaltechnik ist einfacher, als Sie glauben. Ich führe Sie anhand von Fotos und Anleitungen Schritt für Schritt durch die Umsetzung, damit Sie ein künstlerisches Ergebnis erhalten, auf das Sie stolz sein können. Bei diesem Rezept können auch die Kinder mithelfen und eigene kleine Frühlingsboten gestalten.

FÜR 12 OSTERKÜKEN-COOKIES

Für die Vanille-Cookies

1 Portion Zucker-Cookie-Teig (s. S. 165), mit 1 TL Vanilleextrakt aromatisiert
Mehl zum Bestäuben

Für die Dekoration

1 Portion Halb-und-Halb-Paste (s. S. 166)
Puderzucker oder Speisestärke zum Bestäuben
Pflanzenfett, weiß
Lebensmittelfarbpaste in Gelb, Rosa, Mintgrün, Schwarz
klarer Alkohol, z. B. Wodka, oder Zitronensaft
Lebensmittelstift mit feiner Spitze in Schwarz (s. S. 182)
2 EL Royal Icing, cremige Konsistenz (s. S. 167)
essbare blassrosafarbene Puderfarbe (s. S. 182)

Utensilien (s. S. 164, Grundausstattung, und S. 182, Bezugsquellen)

Osterküken-Cookie-Ausstecher
Farbmischpalette
Künstlerpinsel
kleiner Spritzbeutel (zum Selbermachen, s. S. 168)

BACKEN DER COOKIES

Den Backofen auf 175 °C (Umluft) vorheizen und zwei Backbleche mit Backpapier auslegen.

Den gekühlten Cookie-Teig kurz durchkneten, damit er geschmeidiger wird.

Den Teig auf einer bemehlten Arbeitsfläche gleichmäßig 5 mm dick ausrollen.

Mit dem Küken-Ausstecher 12 Cookies ausstechen und mit jeweils 1 cm Abstand auf die vorbereiteten Backbleche legen. Das Backpapier sollte ganz glatt liegen und an den Rändern beschwert werden, da die Cookies bei Umluft gebacken werden und sie sonst vom Blech abgehoben werden könnten. Die Cookies auf den Backblechen 10 Min. kühl stellen.

Im vorgeheizten Ofen 8–12 Min. backen, dabei die Backbleche einmal drehen, damit die Cookies gleichmäßig backen. Sie sollten schön goldbraun aus dem Ofen kommen und bei leichtem Druck noch etwas zurückspringen. Die Cookies auf den Blechen abkühlen lassen.

DEKORIEREN DER COOKIES

Eine ebene Arbeitsfläche oder ein Kunststoffbrett mit Speisestärke bestäuben. Den Teigroller dünn mit Pflanzenfett einpinseln und die Halb-und-Halb-Paste 1 mm dick ausrollen.

Mit dem Küken-Ausstecher mindestens 12 Küken ausstechen, besser ein paar mehr, um das Bemalen zu üben. Auf einer mit Puderzucker oder Speisestärke leicht bestäubten, ebenen Fläche ein wenig fest werden lassen.

Bereiten Sie die Farben vor: Gelb, Pfirsich (aus Gelb und Rosa gemischt), Mintgrün und Schwarz. Einen Klecks von jeder Farbpaste in eine Mulde einer Farbmischpalette geben. Jeweils einen Tropfen

Alkohol hinzufügen, um eine dünnflüssige, tintenähnliche Konsistenz zu erzielen. Die Farben auf den zusätzlich ausgestochenen Pasten-Küken ausprobieren – sind sie zu dunkel, mehr Alkohol untermischen; sind sie zu hell, mehr Farbe hinzufügen.

Wenn die Oberseite der Pasten-Küken trocken ist, mit einem Künstlerpinsel zunächst die gelb und pfirsichfarbenen Tulpenblätter zeichnen. Mit Gelb als Grundfarbe beginnen und die Konturen vom unteren Rand aus anlegen. Lange gleichmäßige Linien ziehen und so oft drüber gehen, bis jedes Blütenblatt ganz gefüllt ist.

Solange die Farbe noch feucht ist, mit dem Pfirsichton weitere Striche ziehen, um einen Farbverlauf zu erzielen – die Farben sollen schön ineinanderlaufen. Darauf achten, dass die Farbe nicht in Tropfen auf die Paste gelangt: Der Alkohol verdampft allmählich und die Farben trocknen vollständig, aber wenn die Glasur durch zu viel Farbe zu feucht wird, kann sie aufweichen, oder es entstehen unschöne Flecken.

Die pastellgrünen Blätter mit der gleichen Technik zeichnen und trocknen lassen. Bei jedem Wechsel der Farben den Pinsel gründlich säubern.

1 EL Royal Icing mit 1 TL Wasser zu einem Zuckerkleber verrühren. Die Oberseite der Cookie-Küken mehrmals dünn damit einpinseln.

Auf jedes Cookie-Küken ein bemaltes Pasten-Küken legen (Letztere sollten noch etwas formbar sein) und an den Rändern vorsichtig andrücken. Die Paste vollständig trocknen lassen – das ist für den nächsten Schritt ganz wichtig!

Die Augen und die Federn oben mit dem schwarzen Lebensmittelstift anzeichnen. (Wird die schwarze Farbe aufgetragen, solange die Paste noch weich ist, vermischt sie sich sehr leicht damit. Sind Sie bereits routiniert im Bemalen von Keksen, können Sie auch zuerst die Pasten-Küken auf die Cookie-Küken legen und diese vollständig bemalen, wenn die Paste trocken ist. Ich stelle aber fest, dass immer mal ein Unglück passiert und man dann Cookies verliert).

Mit einem besonders feinen Künstlerpinsel und schwarzer Lebensmittelfarbe die kleinen Federn, die Augenbrauen und die Wimpern nachziehen. Ich empfehle, auch das auf den zusätzlichen Pasten-Küken zu üben, bevor es an die „eigentlichen" geht, denn die Augen sind wirklich am schwierigsten. Dazu braucht es vor allem eine ruhige Hand und die richtige Farbkonsistenz.

Die Blätter und Blüten mit der schwarzen Farbe konturieren. (Achtung: Schwarz braucht länger zum Trocknen als andere Farben. Damit nichts verschmiert, immer reichlich Zeit zum Trocknen einplanen und die Cookies nur vorsichtig berühren.)

Tragen Sie dann mit einem sauberen, trockenen Pinsel unter den Augenlidern die blassrosafarbene Puderfarbe auf, sodass die Küken rosa Wangen bekommen. Dazu tauchen Sie den Pinsel in die Puderfarbe ein, tupfen ihn auf einem Papiertuch ab und tragen die Farbe auf.

Für den gelben Schnabel das restliche Royal Icing mit etwas gelber Lebensmittelfarbe und einigen Tropfen Wasser verrühren, sodass es etwas dünner wird, als es ist, aber nicht dünnflüssig. In einen kleinen Spritzbeutel füllen und unten eine kleine Spitze abschneiden. Allen Küken zwischen die Augen die Konturen eines dreieckigen Schnabels aufspritzen.

Die Schnabelkonturen mit dem gelben Royal Icing komplett ausfüllen, dabei die Masse mit starkem Druck aus dem Beutel drücken. So wird der Schnabel etwas erhöht.

Die Cookies ruhen lassen, bis das Royal Icing und die Farben vollständig trocken sind. Sollte die schwarze Farbe zuletzt immer noch feucht sein, nehmen Sie die überschüssige Flüssigkeit ab, indem Sie vorsichtig ein Papiertuch darauflegen.

Wenn Sie die Osterküken-Cookies in (idealerweise kompostierbare) Zellophantüten verpacken, haben Sie hübsche Präsente. Sie halten sich in einem luftdicht verschließbaren Behälter bis zu 6 Wochen.

Frühlingstulpen

ERDBEER-RHABARBER-CUPCAKES

Diese süßen frühlingshaften Cupcakes mit ihren handbemalten Tulpen-Verzierungen feiern auf reizendste Art die Ankunft des Frühlings. Klassisches Vanille-Biskuit wird mit Erdbeer-Rhabarber-Konfitüre gefüllt und mit einem kunstvollen Tuff aus Erdbeer-Baiser-Buttercreme abgerundet.

FÜR 24 CUPCAKES

Für die Zuckertulpen

80 g Halb-und-Halb-Paste (aus 40 g Zuckerpaste + 40 g Zuckerblütenpaste, s. S. 166)
Puderzucker oder Speisestärke zum Bestäuben
Pflanzenfett, weiß
Lebensmittelfarbpaste in Fuchsia, Mintgrün, Schwarz (s. S. 182)
klarer Alkohol, z. B. Wodka, oder Zitronensaft

Für den Vanille-Zuckersirup

150 g Zucker
150 ml Wasser
1 TL Vanilleextrakt

Für die Vanille-Cupcakes

225 g Butter, weich
225 g Zucker
1 Prise Salz
4 Eier, Gr. M, zimmerwarm
225 g Mehl, gesiebt
2 TL Backpulver

Für die Erdbeer-Rhabarber-Konfitüre

80 g frische oder TK-Erdbeeren
120 g frischer oder TK-Rhabarber
140 g Zucker
½ TL Pektin

Für die Erdbeer-Baiser-Buttercreme

125 g Erdbeerpüree (aus 250 g frischen Erdbeeren, s. S. 179), kalt
1 Cupcake-Portion Baiser-Buttercreme (s. S. 176)
Lebensmittelfarbpaste in Fuchsia

Für die Cupcake-Dekorationen

rosafarbene Glitzer-Zuckerperlen (s. S. 182)

Utensilien (s. S. 164, Grundausstattung, und S. 182, Bezugsquellen)

Mini-Tulpen-Ausstecher
24 metallic-rosafarbene Papierförmchen
2 Muffinbleche mit je 12 Mulden
großer Spritzbeutel
großer Spritzbeutel mit großer Sterntülle

HERSTELLEN DER ZUCKERTULPEN

Eine ebene Arbeitsfläche oder ein Kunststoffbrett mit Speisestärke bestäuben. Einen Teigroller dünn mit Pflanzenfett bestreichen und die Halb-und-Halb-Paste 1 mm dick ausrollen.

Mit dem Mini-Tulpen-Ausstecher mindestens 24 Tulpen ausstechen, besser ein paar mehr, um das Bemalen zu üben und falls welche zu Bruch gehen. Auf einer mit Puderzucker oder Speisestärke leicht bestäubten, ebenen Fläche vollständig trocknen lassen.

Wenn die Tulpen trocken sind, einen Klecks der fuchsiafarbenen und der mintgrünen Farbpaste in je eine Mulden einer Farbmischpalette geben. Jeweils einen Tropfen Alkohol hinzufügen, um eine dünnflüssige, tintenähnliche Konsistenz zu erzielen.

Mit einem weichen, mittelbreiten Künstlerpinsel zuerst die rosafarbenen Tulpenblätter aufmalen. Dabei mit abgestuften Rosatönen arbeiten, um einen schönen Aquarell-Effekt zu erzielen. Trocknen lassen.

Dann die Stiele und Blätter in Grün aufmalen und wieder alles trocknen lassen.

Die schwarze Lebensmittelfarbe mit nur einem Tropfen Alkohol vermischen, sodass die Farbe etwas flüssiger wird. Mit einem sehr feinen Künstlerpinsel die Tulpenstiele aufmalen und die Blätter und Blütenblätter der Tulpen konturieren. Trocknen lassen. (Achtung: Schwarz braucht länger zum Trocknen als andere Farben. Damit nichts verschmiert, immer reichlich Zeit zum Trocknen einplanen und die Tulpen nur vorsichtig berühren.)

HERSTELLEN DES VANILLE-ZUCKERSIRUPS

Zucker, Wasser und Vanilleextrakt in einem kleinen Topf aufkochen und köcheln lassen, bis sich der Zucker aufgelöst hat. Den Topf vom Herd nehmen und den Sirup abkühlen lassen.

HERSTELLEN DER VANILLE-CUPCAKES

Den Backofen auf 175 °C (Umluft) vorheizen und Papierförmchen in die Mulden der Muffinbleche setzen.

Butter, Zucker, Salz und Vanilleextrakt in der Schüssel der Küchenmaschine auf mittlerer bis hoher Stufe blass und schaumig rühren. Das braucht etwas Zeit, deshalb diesen Schritt zuerst ausführen, sodass ausreichend Luft in die Masse kommt.

Die Eier in einem hohen Rührbecher aufschlagen und nach und nach zur Buttermischung geben, dabei auf niedriger Stufe ständig rühren. Die Mischung sollte die Eier nach und nach aufnehmen. Falls der Teig sich trennt, 1 EL Mehl unterrühren, damit sich alles wieder schön bindet.

Mehl und Backpulver mischen und in zwei Portionen zum Teig geben. Auf niedriger Stufe ständig rühren und erst eine Portion gut verrühren, bevor die zweite dazukommt. Mit einem Teigspatel die Teigreste vom Boden der Schüssel abkratzen und mit einarbeiten.

Den Teig in einen großen Spritzbeutel füllen und von der Spitze 2,5 cm abschneiden. Den Teig so in die Papierförmchen spritzen, dass diese zu je zwei Dritteln gefüllt sind. Dabei in der Mitte beginnen und spiralförmig bis zum Förmchenrand spritzen. In der Mitte eine kleine Mulde lassen; so gehen die Cupcakes beim Backen gleichmäßig auf. Das Muffinblech mehrmals auf die Arbeitsfläche schlagen und vor dem Backen den Teig 10 Min. ruhen lassen (das verhindert, dass die Cupcakes beim Backen zu hoch aufgehen und die Oberseite aufreißt).

Im vorgeheizten Ofen 12–15 Min. backen. Die Cupcakes sind fertig, wenn sie goldgelb sind, die Oberseiten bei leichtem Druck nachgeben und sich die Ränder der Förmchen vom Blech lösen.

Aus dem Ofen nehmen und einige Minuten abkühlen lassen.

Die Oberseiten der Cupcakes mit dem Vanille-Zuckersirup bestreichen, solange sie noch warm sind. So kann das Biskuit die Feuchtigkeit aufnehmen und es bildet sich keine trockene Kruste.

Die Cupcakes auf einem Kuchengitter vollständig auskühlen lassen (nicht im Blech belassen, sonst kleben die Papierförmchen am Boden fest). Die Unterseiten mit einem feuchten Tuch abwischen, falls sie vom Sirup klebrig sind.

Die erkalteten Cupcakes für 30 Min. in den Kühlschrank stellen, damit das Biskuit fester wird.

Herstellen der Erdbeer-Rhabarber-Konfitüre

Erdbeeren, Rhabarber und 1 EL Wasser in einem Topf sanft kochen, bis die Früchte weich und musig sind.

Mit dem Pürierstab glatt pürieren.

Die Mischung auf 50 °C abkühlen lassen.

In einer kleinen Schüssel 20 g Zucker gründlich mit dem Pektin vermischen, beides zum Püree geben und das Püree aufkochen lassen. Nehmen Sie nun ein Zuckerthermometer zu Hilfe.

Den restlichen Zucker unter Rühren hinzufügen und kochen, bis 103 °C erreicht sind.

Die Masse in eine hitzebeständige Schüssel umfüllen und mit Frischhaltefolie abdecken. Abkühlen lassen und bis zum Füllen der Cupcakes kühl stellen.

Herstellen der Erdbeer-Baiser-Buttercreme

Das gekühlte Erdbeerpüree unter die Baiser-Buttercreme rühren. Püree und Buttercreme sollten zimmerwarm sein, damit sich die Masse nicht trennt.

Füllen und Dekorieren der Cupcakes

Aus der Mitte jedes Cupcakes mit dem Melonenausstecher eine kleine Mulde ausstechen.

Mit einem Teelöffel die Erdbeer-Rhabarber-Konfitüre hineingeben.

Die Erdbeer-Baiser-Buttercreme in einen Spritzbeutel mit großer Sterntülle füllen. Auf jeden Cupcake eine große Rosette aus Buttercreme spritzen.

Die weiche Creme mit einer Zuckertulpe und pinkfarbenen Glitzerperlen dekorieren.

Möglichst direkt servieren oder 30 Min. kühl stellen, bis die Buttercreme etwas fest geworden ist, und erst dann transportieren. Vor dem Genießen Zimmertemperatur annehmen lassen. Die Zuckertulpen können schmelzen, wenn sie feucht werden, darum sollten die Cupcakes innerhalb von 24 Stunden verzehrt werden, nachdem die Zuckertulpen aufgelegt sind.

Baiser-Osternester

Mit dieser verspielten Abwandlung des geliebten Klassikers kann die Ostereiersuche beginnen. Blassrosa Baiserringe umhüllen knusprige Schoko-Nester, in denen bunte Mini-Schokoeier und Zuckerblüten liegen. Für Backprofis und -anfänger gleichermaßen geeignet, lässt dieses Rezept Ihnen die Wahl zwischen selbst gemachten oder fertig gekauften Zuckerblüten.

FÜR 10 BAISER-OSTERNESTER

Für die Zuckerblüten (falls selbst gemacht)

50 g Zuckerblütenpaste, weiß
Pflanzenfett, weiß
Lebensmittelfarbpaste in Pink oder Violett, Gelb
Puderzucker oder Speisestärke zum Bestäuben
1 geh. EL Royal Icing (s. S. 167)

Für die Baiser-Osternester

300 g Eiweiß (von ca. 10 Eiern)
300 g Zucker
300 g Puderzucker
1½ TL Vanilleextrakt
Lebensmittelfarbpaste in Rosa
1 geh. TL Kakaopulver
1 TL heißes Wasser

Für die Schoko-Knusper-Füllung und -Dekoration

200 g dunkle Schokolade (mind. 53 % Kakaoanteil)
10 g Kakaobutter
100 g Cornflakes
ca. 30 bunte, gesprenkelte Schoko-Wachteleier
ca. 20 bunte, kleine, gesprenkelte Milchschokoeier
10 pastellfarbene Mini-Zuckerblüten (falls keine selbst gemacht werden)

Utensilien (s. S. 164, Grundausstattung, und S. 182, Bezugsquellen)

Primelblüten-Ausstecher und Veiner-Set
kleiner Spritzbeutel (zum Selbermachen, s. S. 168)
großer Spritzbeutel mit großer Sterntülle

HERSTELLEN DER ZUCKERBLÜTEN

Die Zuckerblütenpaste mit ein wenig Pflanzenfett vermischen und kneten, bis sie geschmeidig und formbar ist. Mit einigen Tropfen pinkfarbener oder violetter Lebensmittelfarbe schön pastellfarben kolorieren.

Eine ebene Arbeitsfläche oder ein Kunststoffbrett mit Speisestärke bestäuben. Einen kleinen Teigroller dünn mit Pflanzenfett bestreichen und die Paste 1 mm dick ausrollen.

Mit dem Primelblüten-Ausstecher mindestens 10 Blütenformen ausstechen, besser ein paar mehr, um das Prägen zu üben und falls welche zu Bruch gehen. Die weichen Zuckerblütenformen mit dem dünn eingefetteten Blüten-Silikon-Veiner prägen. Jede Blüte in eine mit Speisestärke oder Puderzucker bestäubte Mulde einer Farbmischpalette legen und darin trocknen lassen, damit sie eine Tassenform annimmt.

Die Zuckerblütenpaste mit wenig gelber Lebensmittelfarbe und einem Tropfen Wasser weiter einfärben und eine cremige Konsistenz herstellen (s. S. 167).

Die Paste in einen kleinen Spritzbeutel füllen und eine kleine Spitze abschneiden.

In jede Blütenmitte drei kleine gelbe Punkte spritzen und trocknen lassen.

HERSTELLEN DER BAISER-OSTERNESTER

Den Backofen auf 80 °C vorheizen. Auf einem Backpapier 10 Kreise (Ø 12 cm) anzeichnen und dieses umgedreht auf ein Backblech legen.

Eiweiß und Zucker in der hitzebeständigen Metall- oder Glasschüssel der Küchenmaschine mit dem Quirlaufsatz schlagen. Über dem Wasserbad weiterschlagen, bis das Baiser weiß und luftig ist und eine Temperatur von 55 °C erreicht hat (ein Zuckerthermometer zu Hilfe nehmen).

Dann die Masse in die Rührschüssel der Küchenmaschine füllen und mit dem Quirlaufsatz auf mittlerer Stufe schlagen, bis das Baiser abgekühlt ist.

Nach und nach den Puderzucker zu dem abgekühlten Baiser hinzugeben und die Masse weiterschlagen, bis sie steif ist. Den Vanilleextrakt untermischen.

Nun mit einem Palettenmesser 1 EL Baiser mit einem Tropfen pinkfarbener oder violetter Lebensmittelfarbe vermischen, bis sich alle Farbsprenkel aufgelöst haben. Solange das gefärbte Baiser in kleinen Portionen unter die weiße Masse mischen, bis ein gleichmäßiger Pastellrosa-Ton erreicht ist.

Die rosafarbene Baisermasse in einen großen Spritzbeutel mit großer Sterntülle füllen. Den Beutel nur zu zwei Dritteln füllen (Sie können ihn später weiter auffüllen, wenn noch Baiser übrig ist) und das offene Ende zudrehen, damit nichts herausquillt.

Die Baiser-Osternester auf das vorbereitete Backblech spritzen, für die Größe an den durchscheinenden Kreisen auf dem Backpapier orientieren. Zwischen den Nestern 5 cm Abstand lassen, damit sie sich noch ausdehnen können. Jeweils in der Mitte eines Kreises beginnen und das Baiser spiralförmig aufspritzen. Dann für die Nestwand außen einen weiteren Ring aufspritzen.

Im vorgeheizten Ofen 2 Std. backen, bis sich die Baisers sauber vom Backblech abheben lassen. Abkühlen lassen.

Das Kakaopulver mit dem heißen Wasser verrühren. Einen Backpinsel oder einen Künstlerpinsel in den Kakao tauchen, über die abgekühlten Baisers halten und mithilfe der Finger den Kakao darauf klecksen, um die Baisers zu sprenkeln.

HERSTELLEN DER SCHOKO-FÜLLUNG UND DEKORIEREN DER NESTER

Schokolade und Kakaobutter separat schmelzen und dann in einer großen Schüssel miteinander verrühren.

Cornflakes untermischen, bis sie ganz von der Schokolade überzogen sind.

1 gehäuften EL Schoko-Flakes in jedes Baiser-Osternest geben. Mit den gesprenkelten Eiern und den Zuckerblüten dekorieren, solange die Schokolade noch feucht ist.

Gesprenkelter Ostertraum

VANILLE-CHIFFON-TORTE

Als Höhepunkt jeder Feier im Frühling wird dieses wundervoll leichte und luftige Vanille-Biskuit mit Baiser-Buttercreme geschichtet und überzogen. Die gesprenkelte Creme wird passend zu Ostern in ein „Peggy-Rosa" gekleidet und mit Mini-Schokonestern gekrönt – ein echter Star auf dem Ostertisch!

FÜR 1 TORTE, Ø 15 CM (FÜR 10 PERS.)

1 Portion Chiffon-Biskuit (s. S. 171), mit 1 TL Vanilleextrakt aromatisiert

Für die Schokonester

100 g dunkle Schokolade (mind. 53 % Kakaoanteil)
1 TL Kakaobutter
50 g Cornflakes
10 Mini-Schokoeier
roasafarbene Glitzer-Zuckerperlen (s. S. 182)
10 pastellfarbene Mini-Zuckerblüten (zum Selbermachen, s. S. 38)

Für die Vanille-Baiser-Buttercreme

1 Schichttorten-Portion Baiser-Buttercreme (s. S. 176)
1 TL Vanilleextrakt
Lebensmittelfarbpaste in Fuchsia

Für die Tortendekoration

1 EL Kakaopulver
1 EL heißes Wasser

Utensilien (s. S. 164, Grundausstattung, und S. 182, Bezugsquellen)

3 flache Backformen, Ø 15 cm
Tortenunterlage, Ø 15 cm
Silikon-Halbkugelform mit 15 Mulden

HERSTELLEN DER SCHOKONESTER

Schokolade und Kakaobutter separat schmelzen und dann in einer großen Schüssel miteinander verrühren.

Cornflakes untermischen, bis sie ganz von der Schokolade überzogen sind.

Dann 1 gehäuften EL Schoko-Flakes in jede Halbkugel der Silikonform füllen. Ein Schokoei und eine Blüte in jedes dieser Nester setzen, solange die Schokolade noch feucht ist. Mit einigen Glitzerperlen dekorieren.

Kurz kühl stellen, bis die Nester fest sind, dann aus der Form nehmen und bis zur weiteren Verwendung nochmals kühl stellen.

HERSTELLEN DER VANILLE-BAISER-BUTTERCREME

Den Vanilleextrakt in die Baiser-Buttercreme rühren.

Vermischen Sie mit einem Palettenmesser 1 EL Buttercreme mit wenig fuchsiafarbener Lebensmittelfarbe, bis sich alle Farbsprenkel aufgelöst haben und die Buttercreme leuchtend rosa ist.

Solange die gefärbte Buttercreme in kleinen Portionen wieder zur weißen Masse geben und gut vermischen, bis ein hübsches Pastellrosa erreicht ist.

ZUSAMMENSETZEN UND DEKORIEREN DER TORTE

Die Biskuitböden mit der Vanille-Baiser-Buttercreme zusammensetzen und die Krümelschicht aufbringen (s. S. 172). Für 30 Min. (oder bis alles fest ist) kühl stellen.

Wenn die Krümelschicht fest ist, die Torte mit einer perfekt glatten und gleichmäßigen Schicht Buttercreme überziehen. An den Seiten darf die Schicht gern etwas dicker sein. (Stellen Sie etwas Buttercreme beiseite für das Aufsetzen der Nester.) Bei Bedarf mit dem Seitenglätter nochmals glattziehen. Die Torte wieder kühl stellen, bis die Buttercreme fest ist.

Kakaopulver und heißes Wasser zu einem dicklichen braunen Kakao verrühren. Einen Backpinsel oder einen Künstlerpinsel hineintauchen, nahe an die Torte halten und mithilfe der Finger den Kakao darauf klecksen, um sie zu sprenkeln.

Zum Schluss 10 Schokoladennester in gleichmäßigem Abstand auf dem Tortenrand verteilen und mit etwas Buttercreme festkleben.

HAPPY
Easter

DEKOIDEEN FÜR FRÜHLING & OSTERN

Die Schönheit der Natur ist zu dieser Zeit des Jahres überwältigend, und Sie brauchen nur einen Spaziergang in einem nahegelegenen Park oder durch die schönen Straßen in der Nachbarschaft zu unternehmen, um Inspirationen zu finden. In Deutschland wird in vielen Gegenden traditionell ein Osterbaum geschmückt, eine wunderbare Art, um den Frühlingsanfang zu feiern. Sammeln Sie dafür einfach ein paar Zweige im Garten oder im Park und arrangieren Sie sie zu Hause in einer hohen Vase. Sie können die Zweige auch weiß oder pastellfarben ansprühen, je nach gewähltem Design. Es gibt so viele Möglichkeiten zum Dekorieren – von gekauften pastellfabenen Eiern, die Sie jedes Jahr wiederverwenden können, bis zu mit den Kindern zusammen bemalten Eiern, die Sie nach eigenen Ideen gestalten. Vielleicht finden Sie im Floristen-Großhandel kleine Deko-Vogelnester, die sich wunderbar an Ihrem Baum machen. Steht Ihnen der Sinn nach noch mehr Kreativität, dann bemalen Sie doch einfach ein Vogelhaus in Pastellfarben und dekorieren Sie es mit Vogelfiguren und bunten Eiern.

Über die Jahre habe ich eine beeindruckende Sammlung von weißen Porzellanhasen in verschiedenen Formen und Größen zusammengetragen. Ich finde, sie sind absolut zeitlos. Ich liebe es, mit unseren Kollektionen und Dekorationen im Café kleine Geschichten zu erzählen – eine Idee, die Sie auch zu Hause leicht umsetzen können. Im Frühling liebe ich besonders die verspielten und zugleich tröstlichen Geschichten von Beatrix Potter, und einige dekorative Figuren von Tieren aus dem Garten als Deko auf einem gedeckten Tisch bieten eine gute Gelegenheit, um diese Geschichten unseren Kindern näherzubringen. Ich hege eine große Leidenschaft für die Natur und führe gerne Diskussionen darüber, warum Tiere, Pflanzen und unser Ökosystem geschützt werden müssen. Eine weitere Sammlung von mir, die gerade rund um Ostern äußerst nützlich ist, sind meine Weidenkörbe. Je nach Farbkonzept sprühe ich den einen oder anderen in Weiß oder Pastell ein. Gefüllt mit ein paar entzückenden Osterküken-Cookies (s. S. 30) geben sie so großartige Präsente zur Osterzeit ab.

Vegane Herzkekse

Dem Klassiker aus Kindertagen verleihen wir hier neuen Glanz! Diese leckeren Kekse sind leicht zu backen und haben einen leckeren Crunch, was sie zu perfekten Begleitern zum Tee macht. Wer zum ersten Mal pflanzliche Butter verwendet, sollte darauf gefasst sein, dass sie den Teig etwas weicher macht und bei Zimmertemperatur schnell schmelzen kann. Es ist daher wichtig, dass Sie zügig arbeiten und die Ausstecher nicht auseinanderziehen. Sollen die Kekse nicht vegan werden, dann einfach Butter verwenden. Die Herzkekse sind ein hübsches Mitbringsel und halten sich in einem luftdicht verschließbaren Behälter bis zu 3 Wochen.

FÜR 15 KEKSE

200 g Sonnenblumenmargarine, gekühlt
300 g Mehl, gesiebt, plus etwas zum Bestäuben
100 g Zucker
1 Prise Salz
1 TL Vanilleextrakt
75 g rotes Johannisbeer- oder Himbeergelee

Utensilien (s. S. 164, Grundausstattung, und S. 182, Bezugsquellen)
Kreis-Ausstecher, Ø 6 cm
kleine Herz-Ausstecher, Ø 2,5 cm

BACKEN DER KEKSE

Die gekühlte Margarine würfeln und in eine große Schüssel geben. Mehl mit Zucker und Salz vermischen und die Margarinewürfel darauf verteilen.

Margarine und Mehl mit den Fingern zu einer krümeligen Masse verarbeiten. Dann den Vanilleextrakt hinzufügen und alles zu einem Teig verkneten.

Den Teig in Frischhaltefolie einwickeln und mindestens 1 Std. (oder bis der Teig fest ist) kühl stellen.

Den Backofen auf 175 °C (Umluft) vorheizen und zwei Backbleche mit Backpapier auslegen.

Eine ebene, kühle Arbeitsfläche mit Mehl bestäuben und den Teig 3 mm dick ausrollen.

Mit dem Kreis-Ausstecher etwa 30 Formen ausstechen und diese auf den Backblechen verteilen.

Mit dem kleinen Herz-Ausstecher aus der Hälfte der Kreise mittig je ein Herz ausstechen.

Die Kekse 15 Min. kühl stellen, bis sie etwas fest geworden sind.

Im vorgeheizten Ofen 6–8 Min. goldbraun backen. Nach der Hälfte der Backzeit die Bleche einmal drehen, damit die Kekse gleichmäßig backen. Die gebackenen Herzkekse auf den Blechen vollständig auskühlen lassen.

FÜLLEN DER KEKSE

Das Gelee in einem kleinen Topf oder in der Mikrowelle erhitzen, bis es glatt und heiß ist. In der Mitte jedes Kreises 1 TL des heißen Gelees verstreichen und einen Keks mit Herz daraufsetzen. Fest werden lassen.

Mum
Mum

Ring of Roses

Rosé-Prosecco-Torte

Ich kreierte diese elegante Torte vor einigen Jahren speziell für den Muttertag, und seitdem ist sie zu einem echten Peggy-Porschen-Klassiker für besondere Anlässe geworden. Die mit Rosé-Prosecco aromatisierte Pastell-Buttercreme wird raffiniert an den Seiten verziert, und hübsche Oblaten-Rosen garnieren die Oberseite der Torte. Im Inneren versteckt sich ein leichtes, luftiges Chiffon-Biskuit, das mit Prosecco-Sirup getränkt und mit rosafarbener Baiser-Buttercreme geschichtet ist. Diese Torte ist wirklich zeitlos und wird auch bei Ihnen schnell zu einem Klassiker avancieren.

Für 1 Torte, Ø 15 cm (für 10 Pers.)

1 Portion Chiffon-Biskuit (s. S. 171), mit 1 TL Vanilleextrakt aromatisiert

Für den Prosecco-Zuckersirup

100 g Zucker
50 ml Wasser
50 ml Rosé-Prosecco

Für die Rosen-Baiser-Buttercreme

1 Schichttorten-Portion Baiser-Buttercreme (s. S. 176)
Rosenwasser nach Belieben
Lebensmittelfarbpaste in Rosa

Für die Dekorationen

10 rosafarbene Oblaten-Rosenknospen (s. S. 182)
10 grüne Oblaten-Rosenblätter (s. S. 182)
essbares Perlmutt-Glanzspray (s. S. 182)

Utensilien (s. S. 164, Grundausstattung, und S. 182, Bezugsquellen)

3 flache Backformen, Ø 15 cm
Tortenunterlage, Ø 15 cm
geriffelter Tortenkamm
großer Spritzbeutel mit kleiner Sterntülle

HERSTELLEN DES PROSECCO-ZUCKERSIRUPS

Zucker und Wasser in einem Topf aufkochen und köcheln lassen, bis sich der Zucker aufgelöst hat. Den Topf vom Herd nehmen und den Sirup abkühlen lassen.

Den Rosé-Prosecco in den abgekühlten Zuckersirup einrühren.

HERSTELLEN DER ROSEN-BAISER-BUTTERCREME

Nach Belieben einige Tropfen Rosenwasser in die Baiser-Buttercreme einrühren.

Vermischen Sie mit einem Palettenmesser 1 EL Buttercreme mit wenig rosafarbener Lebensmittelfarbe, bis sich alle Farbsprenkel aufgelöst haben und die Buttercreme leuchtend rosa ist.

Solange die gefärbte Buttercreme in kleinen Portionen wieder zur weißen Masse geben und gut vermischen, bis ein hübsches Pastellrosa erreicht ist.

ZUSAMMENSETZEN UND DEKORIEREN DER TORTE

Die Biskuitböden mit der rosa Baiser-Buttercreme und dem Prosecco-Zuckersirup zusammensetzen und die Krümelschicht aufbringen (s. S. 172). Für 30 Min. (oder bis alles fest ist) kühl stellen.

Wenn die Krümelschicht fest ist, die Torte mit Buttercreme überziehen, dabei darauf achten, dass die Oberfläche perfekt glatt und gleichmäßig wird. Den geriffelten Tortenkamm um die Seiten, wo die Schicht gern etwas dicker sein darf, herumziehen. Wenn das Muster noch nicht perfekt ist, noch einige Male nachziehen. Die Torte wieder kühl stellen, bis die Buttercreme fest ist.

Die restliche Buttercreme in einen Spritzbeutel mit kleiner Sterntülle füllen.

Auf der Oberseite der Torte in gleichmäßigem Abstand 10 gleichgroße Rosetten aufspritzen.

Jede Rosette mit einer Rosenknospe und einem -blatt dekorieren und mit dem Glanzspray besprühen.

PEGGY PORSCHEN
cakes
Open

Sommerzeit

Der Sommer ist immer eine sehr entspannte Zeit im Café. Wir erwarten ihn immer sehnlichst mit seinen leuchtenden Farben, den fabelhaften Blumen, die ihre Blüten öffnen, und den leckeren saisonalen Früchten. Da viele Londoner keinen eigenen Garten haben, zelebrieren wir ihn als jahreszeitliches Fest für alle Sinne und schaffen so eine Verbindung zur Natur für alle.

Stets habe ich die Qual der Wahl bei dieser Vielfalt an Aromen. Bei der Auswahl der Rezepte für dieses Kapitel habe ich mich an den beliebtesten Backwaren aus unseren Cafés orientiert und gleichzeitig versucht, unterschiedliche Anforderungen an die Backfähigkeiten zu bedienen. Die Sommerbeeren-Cupcakes bringen eine wahre Explosion sommerlicher Aromen und leuchtende Farben auf den Tisch, die Ombré-Kirsch-Torte mit Schoko-Drip beeindruckt mit ihrer dekadenten und zugleich so köstlichen Erscheinung. Ich verwende liebend gern Holunterblüten und habe daher auch meine Zitronen-Holunderblüten-Tartelettes mit aufgenommen. Auch eine gute Zitronentarte weiß ich schon immer zu schätzen; das Rezept hier habe ich zu Ehren der Hochzeit von Prinz Harry und Meghan Markle kreiert. Und für alle, die auf der Suche nach einer Torte sind, die garantiert aller Aufmerksamkeit erregt, gibt es die Beeren-Holunderblüten-Torte – sie ist für mich das Nonplusultra der Sommerrezepte, was Schönheit, Eleganz und Geschmack betrifft.

Blütenkränze

Bei diesem Rezept spielen Blüten die Hauptrolle. Die Aromen von Zitrone, Lavendel und Honig dominieren den Grundteig, der mit Royal Icing und essbaren Blüten einfach, aber beeindruckend schön dekoriert wird. Getrocknete essbare Blüten und Blütenblätter werden inzwischen vielerorts angeboten. Wenn Sie das Glück haben, geeignete Blüten im eigenen Garten zu haben, stellen Sie sie sich einfach selbst her, indem Sie die Blüten zwischen den Seiten eines dicken Buches pressen und trocknen.

FÜR 12 KEKSE

Für das Honig-Zitronen-Shortbread mit Lavendel

155 g Butter, gewürfelt
1 TL Salz
80 g Honig
50 g Zucker
225 g Mehl plus etwas zum Bestäuben
3 Zitronen, unbehandelt, davon der feine Abrieb (25 g)
½ Zitrone, davon der Saft (1 EL)
1 TL getrocknete essbare Lavendelblüten

Für die Zitronenglasur

300 g Royal Icing (s. S. 167)
1 TL Zitronensaft
Lebensmittelfarbpaste in Purpur (s. S. 182)

Für die Dekoration

getrocknete essbare Blütenblätter, z. B. gelbe Ringelblumen, blaue Kornblumen, pinkfarbene Nelken, orange Tagetes (s. S. 182)
12 getrocknete Kornblumen- oder Nelkenblüten
2 EL gefriergetrocknete Himbeeren, zerkleinert
50 g Pistazienkerne, gehackt

Utensilien (s. S. 164, Grundausstattung, und S. 182, Bezugsquellen)

2 Kreis-Ausstecher mit gewelltem Rand, Ø 10 cm und 4 cm
2 Spritzbeutel (zum Selbermachen, s. S. 168)

HERSTELLEN DER KEKSE

Butter, Salz, Honig und Zucker in der Rührschüssel der Küchenmaschine blass und schaumig rühren.

Das Mehl vorsichtig unterheben, dann Zitronenschale und -saft sowie die Lavendelblüten hinzufügen. Alles kurz vermischen und dann zu einem Teig verkneten.

Den Teig in Frischhaltefolie wickeln und mindestens 30 Min. kühl stellen.

Den Backofen auf 175 °C (Umluft) vorheizen und zwei Backbleche mit Backpapier auslegen.

Den Teig auf einer leicht bemehlten Arbeitsfläche 5 mm dick ausrollen.

Mit den beiden Kreis-Ausstechern 12 Kränze ausstechen und diese im Abstand von jeweils 1 cm auf die Backbleche legen. Das Backpapier sollte ganz glatt liegen und an den Rändern beschwert werden, da die Kekse bei Umluft gebacken werden und sie sonst vom Blech abgehoben werden könnten. Die Kekse auf den Backblechen 10 Min. kühl stellen.

Im vorgeheizten Ofen 8–12 Min. backen, dabei die Backbleche einmal drehen, damit die Kekse gleichmäßig backen. Sie sollten schön goldbraun sein und bei leichtem Druck noch etwas zurückspringen.
Die Kränze auf den Blechen abkühlen lassen.

DEKORIEREN DER KEKSE

Färben Sie das Royal Icing mit wenig Lebensmittelfarbe in Purpur hellpink ein.

Die eingefärbte Glasur mit etwas Wasser zu einer cremigen Konsistenz verrühren (s. S. 167). In einen Spritzbeutel füllen und unten eine kleine Spitze abschneiden. Die Konturen des jeweils inneren und äußeren Kranzrandes aufspritzen.

Das restliche gefärbte Royal Icing mit einigen Tropfen Zitronensaft zu einer flüssigen Konsistenz verrühren und vorsichtig zwischen die Konturen spritzen. Dabei nicht zu viel aufbringen, damit es nicht über die Ränder läuft.

Solange das Royal Icing noch feucht ist, die essbaren Blütenblätter und Blüten darauf verteilen und mit den zerkleinerten Himbeeren und den gehackten Pistazienkernen bestreuen.

TIPP

Wenn Sie wenig Erfahrung mit dem Aufspritzen von Royal Icing haben, verdünnen Sie es mit Zitronensaft, sodass es eine flüssige Konsistenz bekommt. Anschließend die Oberseiten der Kränze hineintauchen. Beim Herausnehmen so drehen, dass überschüssige Glasur abtropft. Die Kränze sofort auf ein Kuchengitter legen, mit essbaren Blütenblättern, Himbeeren und Pistazienkernen bestreuen und trocknen lassen.

Wenn Sie die Kekse wie beschrieben tauchen wollen (dafür benötigen Sie etwas mehr Glasur als angeben), können Sie einen hübschen Marmoreffekt erzielen, wenn Sie die Lebensmittelfarbe nicht vollständig im Royal Icing auflösen.

Zitronen-Joghurt-Küchlein

Diese kleinen Kuchen schmecken wie der essbar gewordene Sommer und sind das perfekte Projekt für Backanfänger. Der Rührkuchen wird mit frisch abgeriebener Zitronenschale und griechischem Joghurt zubereitet, was ihn leicht, zitronig und klebrig macht. Der pastellfarbene Guss verleiht den Küchlein Spritzigkeit, getrocknete essbare Blütenblätter setzen charmante Farbtupfer. Mein Dank geht an Harriet Webster, die im nebenstehenden Foto Modell stand.

FÜR 12 KÜCHLEIN

Für die Küchlein

210 g Zucker
105 g Butter, weich, plus etwas für die Form
1½ Zitronen, unbehandelt, davon der feine Abrieb und der Saft
2 Eier, Gr. L, zimmerwarm
150 g Mehl, gesiebt, plus etwas zum Bestäuben
¼ TL Salz
¼ TL Natron
¼ TL Backpulver
115 g griechischer Joghurt

Für die Zuckerglasur

2 EL Aprikosenkonfitüre ohne Stückchen
150 g Puderzucker, gesiebt
½ Zitrone, davon der Saft
Lebensmittelfarbpaste in Rosa
1 TL getrocknete essbare Lavendelblüten
1 EL getrocknete essbare Blütenblätter, z. B. Nelke, Veilchen, Kornblume

Utensilien (s. S. 164, Grundausstattung, und S. 182, Bezugsquellen)

12 Mini-Kastenformen, ca. 8 cm x 4 cm x 4 cm

BACKEN DER KÜCHLEIN

Den Backofen auf 175 °C (Umluft) vorheizen, die Kastenformen dünn einfetten und mit Mehl bestäuben.

Zucker, Butter und Zitronenabrieb in einer Schüssel blass und schaumig rühren. Die Eier schlagen, nach und nach hinzugeben und gut unterrühren.

Mehl, Salz, Natron und Backpulver verrühren und in drei Portionen dazugeben, dabei immer erst eine Portion gut verrühren, bevor die nächste dazugegeben wird.

Rühren Sie nun den Zitronensaft und den Joghurt unter und verteilen Sie den Teig auf die Backformen, sodass jede bis zu drei Vierteln gefüllt ist.

Im vorgeheizten Ofen 15–20 Min. backen, bis die Oberseiten goldbraun sind und bei leichtem Druck nachgeben. Noch 15 Min. in den Formen abkühlen lassen, dann stürzen und auf einem Kuchengitter vollständig auskühlen lassen.

HERSTELLEN DER ZUCKERGLASUR

Die Aprikosenkonfitüre in der Mikrowelle oder in einem kleinen Topf erhitzen, bis sie sehr heiß und glatt ist. Die Oberseiten der Küchlein dünn damit bestreichen und fest werden lassen.

Rühren Sie den Puderzucker und den Zitronensaft zu einer dickflüssigen Glasur an.

Mischen Sie ein wenig von der Lebensmittelfarbe unter, sodass die Glasur schön pinkrosa wird. Aber nicht zu viel Farbe hinzufügen: Farbpasten färben intensiver als flüssige Farben.

Die Glasur mit einem Löffel auf den Küchlein verteilen oder darübergießen und an den Seiten herunterlaufen lassen. Mit Lavendelblüten und essbaren Blütenblättern bestreuen, solange die Glasur noch feucht ist.

Bienenkönigin

SCHOKO-HONIG-CUPCAKES

Schokolade und Honig bilden stets eine köstliche Liaison. Hier vereint sich gehaltvolles Schokoladen-Biskuit mit einer süßen Honigfüllung und einem samtigen Tuff aus Frischkäse und Honigglasur. Die zauberhaften goldenen Honigbienen und Zuckerblüten geben der Kreation etwas Verspieltes und machen die Cupcakes zum perfekten Genuss für jede Bienenkönigin.

FÜR 24 CUPCAKES

Für die Dekorationen

150 g Zuckerblütenpaste, weiß
Pflanzenfett, weiß
Puderzucker oder Speisestärke zum Bestäuben
1 EL Royal Icing (s. S. 167)
Lebensmittelfarbpaste in Gelb
goldenes essbares Glanzpulver (s. S. 182)
2 EL Knisterzucker (s. S. 182)
essbares Goldglanzspray (s. S. 182)

Für die Schoko-Cupcakes

105 g Butter, weich
285 g brauner Zucker
125 g dunkle Schokolade (mind. 53 % Kakaoanteil), gehackt oder als Drops
165 ml Milch
2 Eier, Gr. L
180 g Mehl
½ TL Backpulver
½ TL Natron
1 Prise Salz
1 EL Kakaopulver

Für die Honig-Baiser-Buttercreme

1 Cupcake-Portion Baiser-Buttercreme (s. S. 176)
6 EL Honig

Für die Füllung

250 g Honig

Utensilien (s. S. 164, Grundausstattung, und S. 182, Bezugsquellen)

kleiner fünfblättriger Blüten-Ausstecher
Blumen-Schaumstoff-Pad
Ball-Modellierstab
Spritzbeutel (zum Selbermachen, s. S. 168)
Bienen-Silikonform
24 braune Papierförmchen
2 Muffinbleche mit je 12 Mulden
großer Spritzbeutel mit großer Lochtülle

HERSTELLEN DER DEKORATIONEN

Die Zuckerblütenpaste auspacken und auf trockene oder krümelige Stellen kontrollieren; diese mit einem Messer entfernen, damit sie nicht mit der Paste vermischt werden, das würde die ganze Portion ruinieren.

Ein wenig Pflanzenfett zwischen den Händen verreiben und dann in die Zuckerblütenpaste einkneten, bis diese geschmeidig ist. Sollte die Paste noch kleben, etwas mehr Pflanzenfett hinzufügen. In Frischhaltefolie einwickeln und 10 Min. ruhen lassen, damit die Paste etwas fester wird.

Für die Zuckerblüten eine ebene Arbeitsfläche oder ein Kunststoffbrett mit Speisestärke bestäuben. Den Teigroller dünn mit Pflanzenfett einpinseln und die Paste 1 mm dick ausrollen.

Mit dem Blüten-Ausstecher je Cupcake zwei Blüten ausstechen, also ca. 50 Blüten insgesamt. Da die Zuckerblütenpaste schnell trocknet, lassen Sie den Großteil eingewickelt und nehmen Sie immer nur einen kleinen Teil heraus, aus dem Sie dann schnell ein paar Blüten ausstechen.

Die Blüten auf das Blumen-Schaumstoff-Pad setzen und die einzelnen Blütenblätter mit dem Ball-Modellierstab ausdünnen. Darauf achten, dass alle Blütenblätter gleich groß werden, und sie nicht allzu lang ziehen.

Die Mulden einer Farbmischpalette mit Puderzucker oder Speisestärke bestäuben. In jede Mulde eine Blüte setzen und diese in der Form fest werden lassen.

Das Royal Icing mit wenig gelber Lebensmittelfarbe hellgelb einfärben. Einen Tropfen Wasser hinzufügen und mithilfe eines Palettenmessers eine cremige Konsistenz schaffen (s. S. 167).

Das Royal Icing in einen Spritzbeutel füllen, unten eine kleine Spitze abschneiden und in die Mitte jeder Zuckerblüte einen kleinen Tupfen gelbe Glasur spritzen. Trocknen lassen.

Für die Zuckerbienen die restliche Zuckerblütenpaste mit wenig gelber Lebensmittelfarbpaste hellgelb einfärben.

Die Innenseite der Bienen-Silikonform dünn mit Pflanzenfett bestreichen. Ein wenig Zuckerblütenpaste abtrennen, zu einer glatten Kugel rollen und in die Form drücken. Die Oberseite glattstreichen, überstehende Paste abschaben. Zum Herausnehmen die Form nach außen umbiegen, bis die Biene herausfällt.

Die noch weiche Biene mit einem weichen Künstlerpinsel mit essbarem Goldglanzpulver bestreichen und trocknen lassen. Auf diese Weise insgesamt 24 Bienen herstellen.

Für die Gold-Nuggets den Knisterzucker in eine kleine Schüssel geben und mit dem Goldglanzpulver bestreuen. Mit einem weichen Künstlerpinsel verrühren, bis der Zucker gleichmäßig mit dem Glanzpulver überzogen ist.

BACKEN DER SCHOKO-CUPCAKES

Den Backofen auf 160 °C (Umluft) vorheizen und Papierförmchen in die Mulden der Muffinbleche setzen.

Butter und die Hälfte des Zuckers in der Schüssel der Küchenmaschine blass und schaumig rühren. Das braucht etwas Zeit, deshalb diesen Schritt zuerst ausführen, sodass ausreichend Luft in die Masse kommt.

Schokolade, Milch und den restlichen Zucker in einem kleinen Topf bei geringer Temperatur zum Köcheln bringen, dabei zwischendurch umrühren, damit die Schokolade nicht anbrennt.

In einer zweiten Schüssel die Eier verquirlen. Auf niedriger Stufe ständig rühren und nach und nach zur Buttermischung geben.

Mehl, Backpulver, Natron, Salz und Kakaopulver sieben und in zwei Portionen zur Buttermischung geben. Auf niedriger Stufe ständig rühren und erst eine Portion gut verrühren, bevor die zweite dazugegeben wird.

Sobald die Schokolade geschmolzen und die Mischung erwärmt ist, den Topf vom Herd nehmen und die warme Schokomilch in den Teig gießen, dabei immer noch auf niedriger Stufe weiterrühren. Mit einem Teigspatel die Teigreste vom Boden der Schüssel abkratzen und mit einarbeiten.

Den Schokoteig in einen Becher mit Ausguss füllen und so in die Mulden füllen, dass diese je zu zwei Dritteln gefüllt sind.

Den noch warmen Teig sofort in den vorgeheizten Ofen schieben und 15–20 Min. backen. Die Cupcakes sind fertig, wenn die Oberseiten bei leichtem Druck nachgeben und sich die Ränder der Förmchen vom Blech lösen. Sie sollten weich und noch etwas klebrig sein. Beispielsweise mit einem Messer die Stäbchenprobe machen: Beim Herausziehen sollte noch ein wenig Teig an der Klinge kleben.

Aus dem Ofen nehmen und einige Minuten abkühlen lassen.

Die abgekühlten Cupcakes 30 Min. kühl stellen, damit das Biskuit fester werden kann.

HERSTELLEN DER HONIG-BAISER-BUTTERCREME

Den Honig unter die Baiser-Buttercreme rühren.

FÜLLEN UND DEKORIEREN DER CUPCAKES

Aus der Mitte jedes Cupcakes mit dem Melonenausstecher eine kleine Mulde ausstechen.

Mit einem Teelöffel 1 TL Honig hineingeben.

Die Honig-Baiser-Buttercreme in einen Spritzbeutel mit großer Lochtülle füllen. Auf jeden Cupcake einen großen Tuff spritzen, der an einen Bienenkorb erinnern soll.

Eine Seite jedes Buttercreme-Bienenkorbs mit dem essbaren Glanzspray einsprühen, um eine Goldfärbung zu erzielen.

Möglichst direkt servieren oder 30 Min. kühl stellen, bis die Buttercreme etwas fest geworden ist, und erst dann transportieren. Vor dem Genießen Zimmertemperatur annehmen lassen. Die Zuckerbienen und -blüten können schmelzen, wenn sie feucht werden, darum sollten die Cupcakes innerhalb von 24 Stunden verzehrt werden, nachdem diese aufgelegt sind.

TIPP

Es ist wichtig, dass die Cupcakes zügig gebacken werden, sobald der Teig in die Papierförmchen gefüllt wurde. Sonst könnten sie oben eine trockene Kruste bilden. Wenn das passiert ist, die Oberseiten nach dem Backen dünn mit Zuckersirup bestreichen, damit sie weich werden.

Sommerbeeren-Cupcakes

Unsere Sommerbeeren-Cupcakes sind in den Cafés in den letzten Jahren zu echten Publikumslieblingen geworden. Das überrascht kaum, denn sie explodieren vor lauter saftigen Beerenaromen und leuchten wunderschön in Pink und Lila. Das Buttermilch-Biskuit sorgt für eine leichte und feine Textur – ideal für alle, die es nach einem klassischen sommerlichen Genuss gelüstet.

FÜR 24 CUPCAKES

Für den Vanille-Zuckersirup

150 g Zucker
150 ml Wasser
1 TL Vanilleextrakt

Für die Cupcakes

1 Cupcake-Portion Buttermilch-Biskuit (s. S. 170; dieser Anleitung folgen, bis der Teig fertig angerührt ist)
2 Schälchen frische Himbeeren
1 Schälchen frische Heidelbeeren

Für die Sommerbeeren-Baiser-Buttercreme

30 g Himbeerpüree (aus 60 g Himbeeren, s. S. 179), kalt
30 g Erdbeerpüree (aus 60 g Erdbeeren, s. S. 179), kalt
30 g Heidelbeerpüree (aus 60 g Heidelbeeren, s. S. 179), kalt
1 Cupcake-Portion Baiser-Buttercreme (s. S. 176)

Für die Dekoration

2 EL gefriergetrocknete Himbeeren, zerkleinert
12 frische Erdbeeren, mittelgroß
24 frische Himbeeren
24 frische Heidelbeeren
24 essbare Nelken (oder andere essbare frische Blütendekorationen wie Veilchen oder Stiefmütterchen)

Utensilien (s. S. 164, Grundausstattung, und S. 182, Bezugsquellen)

2 Muffinbleche mit je 12 Mulden
24 rote Papierförmchen
großer Spritzbeutel
großer Spritzbeutel mit großer Sterntülle

HERSTELLEN DES VANILLE-ZUCKERSIRUPS

Zucker, Wasser und Vanilleextrakt in einem Topf aufkochen und köcheln lassen, bis sich der Zucker aufgelöst hat. Den Topf vom Herd nehmen und den Sirup abkühlen lassen.

BACKEN DER CUPCAKES

Den Backofen auf 175 °C (Umluft) vorheizen und Papierförmchen in die Mulden der Muffinbleche setzen.

Den Teig in einen großen Spritzbeutel füllen und von der Spitze 2,5 cm abschneiden. Den Teig so in die Papierförmchen spritzen, dass diese zu je zwei Dritteln gefüllt sind.

Setzen Sie dann eine bis zwei große Himbeeren und zwei bis drei Heidelbeeren auf jeden Cupcake.

Im vorgeheizten Ofen etwa 15 Min. backen. Die Cupcakes sind fertig, wenn die Oberseite bei leichtem Druck nachgibt und sich die Ränder der Förmchen vom Blech lösen.

Aus dem Backofen nehmen und einige Minuten in den Formen abkühlen lassen.

Die Oberseiten der Cupcakes mit dem Vanille-Zuckersirup bestreichen, solange sie noch warm sind. So kann das Biskuit die Feuchtigkeit aufnehmen und es bildet sich keine trockene Kruste.

Die Cupcakes auf einem Kuchengitter vollständig auskühlen lassen (nicht im Blech belassen, sonst kleben die Papierförmchen am Boden fest). Die Unterseiten mit einem feuchten Tuch abwischen, falls sie vom Sirup klebrig sind.

HERSTELLEN DER BAISER-BUTTERCREME

Mischen Sie die kalten Beerenpürees und heben Sie sie vorsichtig unter die Baiser-Buttercreme. Pürees und Buttercreme sollten zimmerwarm sein, damit sich die Masse nicht trennt.

DEKORIEREN DER CUPCAKES

Die Sommerbeeren-Baiser-Buttercreme in einen großen Spritzbeutel mit großer Sterntülle füllen und eine Rosette auf jeden Cupcake spritzen.

Mit den Himbeerstückchen bestreuen.

Die Erdbeeren halbieren und eine halbe Erdbeere, eine Himbeere und eine Heidelbeere auf jede Rosette setzen. Eine essbare Blüte auf jeden Cupcake setzen.

Möglichst direkt servieren oder 30 Min. kühl stellen, bis die Buttercreme etwas fest geworden ist, und erst dann transportieren. Vor dem Genießen Zimmertemperatur annehmen lassen. Wenn die Cupcakes nicht sofort gegessen werden, dann im Kühlschrank aufbewahren und innerhalb von 24 Stunden verzehren.

TIPP

Damit die Erdbeerhälften nicht zu schnell austrocknen, können Sie die Schnittflächen mit etwas Aprikosenkonfitüre bestreichen.

RÜCKZUGSORTE SCHAFFEN

Während ich das Buch schrieb, musste ich mit den Herausforderungen der Covid-Pandemie leben. Mir wurde noch stärker bewusst, wie wichtig der persönliche Freiraum ist. Genau wie all jene, die in einer Familie leben, sehnte auch ich mich manchmal nach einem Rückzugsort, an dem ich mich entspannen, mich erholen und kreativ sein konnte. Dieser klar abgegrenzte Raum, an dem man sich geborgen fühlt und zur Ruhe kommt, ist etwas Kostbares, auch für allein Lebende. Ich stelle ihn mir immer als eine stille Ecke oder als ein Nest vor. Das kann ein kleines Zimmer sein, wenn Sie das Glück haben, so viel Platz zu haben, und wenn nicht, dann vielleicht eine kleine Nische, neben einem Fenster. Einfach etwas Platz für einen bequemen Sessel und für Kaffee, ein Buch, ein Notepad oder was immer es sein mag, das Sie entspannen und abschalten lässt.

Auch wenn Sie keinen eigenen Garten haben – den auch wir nicht haben, wie so viele Menschen in London –, finde ich, auf einem Balkon zu sitzen oder an einem geöffneten Fenster und zu atmen und die Jahreszeiten zu beobachten, reicht oftmals schon aus, um zur Ruhe zu kommen. Seit immer mehr Läden und Restaurants ihre Schaufenster mit Blumendekorationen schmücken, habe ich beobachtet, dass auch an vielen Privathäusern in meinem Wohnviertel in der Nähe des Battersea Park an den Balkonen oder Eingangstüren kleine Blumenarrangements angebracht werden. Diese Verbindung zur Natur ist sehr wichtig für ein Gefühl von Ruhe und Frieden.

Schokoladige Kirsch-Cupcakes

Mit seinem Kirsch-Sahnehäubchen hat dieses Rezept wirklich alles, was einen perfekten Cupcake ausmacht: Das Schokosplitter-Biskuit ist mit Kirschkonfitüre gefüllt und wird von einem Kirsch-Frosting geziert, das einem Rüschenrock gleicht. Dieser Cupcake dreht förmlich Pirouetten auf Ihrem Teller!

FÜR 24 CUPCAKES

Für den Vanille-Zuckersirup

150 g Zucker
150 ml Wasser
1 TL Vanilleextrakt

Für die Cupcakes

225 g Butter, weich
225 g Zucker
1 Prise Salz
1 TL Vanilleextrakt
4 Eier, Gr. M, zimmerwarm
225 g Mehl, gesiebt
2 TL Backpulver
80 g dunkle Schokosplitter (mind. 53 % Kakaoanteil)

Für die Füllung

240 g Kirschkonfitüre

Für die Kirsch-Baiser-Buttercreme

125 g Kirschpüree (aus 400 g frischen oder TK-Kirschen, s. S. 179), kalt
1 Cupcake-Portion Baiser-Buttercreme (s. S. 176)

Für die Dekoration

24 frische Kirschen mit Stiel
ca. 100 g dunkle Schokoraspeln (gekauft oder selbst gemacht)

Utensilien (s. S. 164, Grundausstattung, und S. 182, Bezugsquellen)

2 Muffinbleche mit je 12 Mulden
24 rosafarbene Metallic-Papierförmchen
großer Spritzbeutel
großer Spritzbeutel mit kleiner Sterntülle
großer Spritzbeutel mit Russischer-Kugel-Spritztülle

HERSTELLEN DES ZUCKERSIRUPS

Zucker, Wasser und Vanilleextrakt in einem Topf aufkochen und köcheln lassen, bis sich der Zucker aufgelöst hat. Den Topf vom Herd nehmen und den Sirup abkühlen lassen.

BACKEN UND FÜLLEN DER CUPCAKES

Den Backofen auf 175 °C (Umluft) vorheizen und Papierförmchen in die Mulden der Muffinbleche setzen.

Butter, Zucker, Salz und Vanilleextrakt in der Schüssel der Küchenmaschine blass und schaumig rühren. Das braucht etwas Zeit, deshalb diesen Schritt zuerst ausführen, sodass ausreichend Luft in die Masse kommt.

In einer zweiten Schüssel die Eier verquirlen und und nach und nach zur Buttermischung geben, dabei auf niedriger Stufe ständig rühren und darauf achten, dass sich die Masse nicht trennt.

Das Mehl mit dem Backpulver vermischen und in drei Portionen zur Eier-Butter-Mischung hinzugeben. Die Schokosplitter untermischen.

Den Teig in einen großen Spritzbeutel füllen und von der Spitze 2,5 cm abschneiden. Den Teig so in die Papierförmchen spritzen, dass diese zu je zwei Dritteln gefüllt sind. Dabei in der Mitte beginnen und dann spiralförmig bis zum Förmchenrand spritzen. In der Mitte eine kleine Mulde lassen; so gehen die Cupcakes beim Backen gleichmäßig auf.

Das Muffinblech mehrmals auf die Arbeitsfläche schlagen und vor dem Backen den Teig 10 Min. ruhen lassen (das verhindert, dass die Cupcakes beim Backen zu hoch aufgehen und die Oberseite aufreißt).

Im vorgeheizten Ofen 12–15 Min. backen. Die Cupcakes sind fertig, wenn sie goldgelb sind, die Oberseite bei leichtem Druck nachgibt und sich die Ränder der Förmchen vom Blech lösen.

Aus dem Ofen nehmen und einige Minuten in den Formen abkühlen lassen.

Die Oberseiten der Cupcakes mit dem Vanille-Zuckersirup bestreichen, solange sie noch warm sind. So kann das Biskuit die Feuchtigkeit aufnehmen und es bildet sich keine trockene Kruste.

Die Cupcakes auf einem Kuchengitter vollständig auskühlen lassen. Die Unterseiten mit einem feuchten Tuch abwischen, falls sie vom Sirup klebrig sind.

Die abgekühlten Cupcakes für 30 Min. in den Kühlschrank stellen, damit das Biskuit fester wird.

Aus der Mitte jedes Cupcakes mit dem Melonenausstecher eine kleine Mulde ausstechen.

Mit einem Teelöffel 1 TL Kirschkonfitüre hineingeben.

TIPP

Lassen Sie die Cupcakes nicht im Muffinblech auskühlen: Sonst kleben die Papierförmchen am Boden fest und reißen, wenn die Cupcakes aus der Form genommen werden.

HERSTELLEN DER KIRSCH-BAISER-BUTTERCREME

Von der Baiser-Buttercreme 2 gehäufte EL abnehmen, in einen Spritzbeutel mit Sterntülle füllen und beiseitelegen – diese wird später für die Rosetten verwendet.

Das Kirschpüree nach und nach unter die restliche Buttercreme heben. Püree und Buttercreme sollten zimmerwarm sein, damit sich die Mischung nicht trennt.

DEKORIEREN DER CUPCAKES

Die Kirsch-Baiser-Buttercreme in einen Spritzbeutel mit Russischer-Kugel-Spritztülle füllen. Den Spritzbeutel senkrecht mittig über einen Cupcake halten und den Beutel fest, aber langsam drücken, sodass die Buttercreme mit etwas Druck herauskommt und eine voluminöse Rüschenrosette formt. Sobald die Rosette etwa zwei Drittel des Cupcakes bedeckt, den Spritzbeutel langsam anheben und weiter Buttercreme aufspritzen. Wenn die Rosette die gewünschte Höhe erreicht hat, den Druck aufgeben und den Spritzbeutel entfernen. Alle Cupcakes auf diese Weise verzieren.

Mit der ungefärbten Buttercreme aus dem Spritzbeutel mit Sterntülle kleine Rosetten mittig auf die rosafarbenen Rüschen-Rosetten aufspritzen.

Jeden Cupcake mit einer frischen Kirsche garnieren und mit Schokoraspeln bestreuen.

Möglichst direkt servieren oder 30 Min. kühl stellen, bis die Buttercreme etwas fest geworden ist, und erst dann transportieren. Vor dem Genießen Zimmertemperatur annehmen lassen. Wenn die Cupcakes nicht sofort gegessen werden, im Kühlschrank aufbewahren und innerhalb von 24 Stunden verzehren.

Zitronen-Holunderblüten-Tartelettes

Ich liebe gute Zitronentartes und sie sind immer meine erste Wahl auf der Dessertkarte. Als Prinz Harry und Meghan Markle 2018 heirateten, dachte ich mir diese Zitronen-Holunderblüten-Variante aus, die von den Aromen der royalen Hochzeitstorte inspiriert war. Meine Tartelettes mit ihren Zitronen-Baiser-Küssen und den frischen Holunderblüten verleiht goldener Knisterzucker den ganz besonderen *Markle Sparkle*.

FÜR 12 TARTELETTES

Für die Zitronen-Baiser-Küsse

1 Portion Baiser-Küsse (s. S. 180; dieser Anleitung folgen, bis das Aroma hinzugefügt wird)
Zitronenextrakt nach Belieben (s. S. 182)
Lebensmittelfarbpaste in Gelb

Für die Tartelette-Körbchen

150 g Butter, weich, plus etwas für die Form
300 g Mehl, gesiebt, plus etwas zum Bestäuben und für die Form
120 g Puderzucker, gesiebt
2 Eier, Gr. M, zimmerwarm
½ TL Vanilleextrakt
1 Prise Salz

Für die Zitronen-Holunderblüten-Creme

5 Zitronen, unbehandelt, davon der Abrieb und der Saft (245 ml)
3 Eier, Gr. M
245 g Zucker
25 g Puddingpulver
100 g Butter, weich
20 Tropfen Holunderblütenextrakt (s. S. 182)

Für die Dekoration

Puderzucker zum Bestäuben
frische essbare Holunderblüten
2 EL Knisterzucker
essbares Goldglanzpulver
silber-metallicfarbene Zuckerperlen (ø 4 mm)

Utensilien (s. S. 164, Grundausstattung, und S. 182, Bezugsquellen)

großer Spritzbeutel mit kleiner weiter Sterntülle
großer Spritzbeutel mit kleiner schmaler Sterntülle
großer Spritzbeutel mit großer Lochtülle
12 Tartelette-Formen, Ø 10 cm
sich überschneidende Kreisschablonen

HERSTELLEN DER ZITRONEN-BAISER-KÜSSE

Den Ofen auf 80 °C vorheizen und zwei Backbleche mit Backpapier auslegen.

Einen Tropfen Zitronenextrakt zur Baiser-Masse geben.

Von der Masse ein Drittel in einen Spritzbeutel mit kleiner weiter Sterntülle füllen – das werden die weißen Baisers.

Vermischen Sie mit dem Palettenmesser 1 EL des restlichen Baisers mit einem Tropfen gelber Lebensmittelfarbe, bis sich alle Farbsprenkel aufgelöst haben. Solange das gefärbte Baiser in kleinen Portionen wieder zur restlichen weißen Masse geben und gut vermischen, bis ein hellgelber Farbton erreicht ist.

Dann eine Hälfte des hellgelben Baisers in einen Spritzbeutel mit großer schmaler Sterntülle füllen, die andere Hälfte in einen Spritzbeutel mit großer Lochtülle.

Mit der weißen Baiser-Masse weiße Küsse auf ein mit Backpapier ausgelegtes Backblech spritzen. Auf ein zweites mit Backpapier ausgelegtes Backblech mit der gelben Baiser-Masse mit der großen Lochtülle gelbe Küsse aufspritzen; die Unterseiten sollten jeweils 1,5 cm breit sein. Mit dem Spritzbeutel mit großer schmaler Sterntülle größere gelbe Baiser-Küsse spritzen; die Unterseiten sollten hier knapp 2 cm breit sein. Der Größenunterschied lässt sich durch unterschiedlichen Druck auf den Spritzbeutel erreichen – je länger Sie drücken, desto größer wird der Baiser-Kuss.

Die Baiser-Küsse 1 Std. backen oder bis sie sich sauber vom Blech abheben lassen. Abkühlen lassen.

HERSTELLEN DER TARTELETTES

Die Tartelette-Formen mit Butter einfetten und mit Mehl bestäuben. Die Formen kühl stellen, derweil den Mürbeteig zubereiten.

Butter und Puderzucker in der Schüssel der Küchenmaschine schaumig rühren.

Die Eier einzeln unterrühren, dann den Vanilleextrakt hinzufügen.

Das Mehl und das Salz nach und nach unterrühren.

Sobald sich alles gut verbunden hat, den Teig auf eine leicht bemehlte Arbeitsfläche legen. Zu einer Kugel formen, auseinanderziehen, erneut verkneten: Das aktiviert das Gluten im Mehl, die Tartelettes werden knuspriger. Den Teig in Frischhaltefolie einwickeln und 30 Min. kühl stellen.

Den Teig in 10 gleichgroße Stücke teilen und jedes mit dem Teigroller auf einer leicht bemehlten Arbeitsfläche 3–4 mm dick ausrollen. Je einen Teigfladen über eine Tartelette-Form legen und sanft hineindrücken. Dabei auch an den Seiten andrücken. Überstehenden Teig abschneiden. Die Böden mit einer Gabel mehrfach einstechen und die Formen 10 Min. kühl stellen. Den Backofen auf 175 °C (Umluft) vorheizen.

Die Tartelettes im vorgeheizten Ofen 10–12 Min. backen, bis sie goldbraun sind. In den Formen auf dem Kuchengitter abkühlen lassen und erst herausheben, wenn sie vollständig ausgekühlt sind.

HERSTELLEN DER CREME

Zitronensaft und -abrieb in einem Topf aufkochen.

Die Eier und zwei Drittel des Zuckers in einer hitzebeständigen Schüssel verquirlen.

In einer zweiten Schüssel den restlichen Zucker mit dem Puddingpulver verrühren. Zu den Eiern geben und alles gründlich verquirlen.

Den kochenden Zitronensaft ebenfalls zur Eiermischung geben, dabei weiterschlagen, bis sich alles gut vermischt hat.

Die Masse zurück in den Topf geben und langsam aufkochen. Unter ständigem Schlagen 5 Min. kochen.

Sobald die Creme eindickt, den Topf vom Herd nehmen und die Creme in eine Schüssel umfüllen. Ein Zuckerthermometer in die Creme stellen und die Oberseite möglichst großflächig mit Frischhaltefolie abdecken, damit sich keine Haut bildet. Auf 59 °C abkühlen lassen.

Wenn die Creme abgekühlt ist, fügen Sie nach und nach die weiche Butter hinzu. Dabei rühren Sie die Creme mit dem Pürierstab durch, damit sich die Masse zu einer Emulsion verbindet.

Nach Belieben Holunderblütenextrakt hinzufügen.

Die Tartelettes mit der Zitronencreme füllen und die Oberseiten mit einem Palettenmesser glätten. Im Kühlschrank abkühlen lassen.

DEKORIEREN DER TARTELETTES

Die Tartelettes erst kurz vor dem Servieren dekorieren. Dafür jeweils die Kreisschablone locker auf ein Tartelette legen und Puderzucker darüber stäuben.

Den Knisterzucker in eine Schüssel geben und mit dem Goldglanzpulver bestreuen. Mit einem weichen Künstlerpinsel verrühren, bis der Zucker mit dem Glanzpulver überzogen ist. Dann den Zucker über die Tartelettes streuen. Zum Schluss platzieren Sie auf jedem Tartelette je einen Baiser-Kuss in jeder Größe, eine Holunderblüte und Zuckerperlen.

SCHABLONENKUNST

In den Cafés verwenden wir Dekorschablonen, um geeignete Getränke wie Cappuccino äußerst einfach, aber wirkungsvoll zu dekorieren. Wir fertigen immer unsere eigenen Schablonen an, damit sie zu unseren aktuellen jahreszeitlichen Themen passen. Das Dekor macht sich nicht nur sehr dekorativ auf unseren Fotos, sondern – und das ist noch wichtiger – es gibt unseren Kunden die Extradosis an Glücksgefühlen.

Auch zu Hause lässt sich diese Idee leicht umsetzen. Sie können fertige Schablonen in allerlei Formen kaufen, etwa für Herzen zum Valentinstag, für Eier zu Ostern oder für Blätter für den Herbst. Außerdem sind Schablonen nicht nur praktisch, um einen Kaffee „aufzuhübschen", sie bieten auch eine einfache Möglichkeit, Tartelettes, Cookies und Torten zu dekorieren. Hinten in diesem Buch habe ich einige meiner Lieblings-Bezugsquellen für solche Schablonen aufgeführt.

DEKOIDEEN FÜR DEN SOMMER

Der britische Sommer bedeutet für mich auch, möglichst oft im Freien zu essen. Ob bei Picknicks im Park oder bei Gartenpartys zu Hause, im Sommer sollte man die Natur genießen sowie glückliche Erinnerungen an warme Tage und lange Abende sammeln. Ich kann einer hübschen Picknickdecke und einem mit saisonalen Genüssen gefüllten Weidenkorb nur schwer widerstehen. Mit diesen Accessoires können Sie zu Hause oder im Park auf einfache Weise Gäste bewirten und ein wunderbares Picknickerlebnis schaffen. Bereiten Sie große Mengen Eistee und sommerliche Köstlichkeiten für den Nachmittagstee vor, etwa reizende, mit Liebe gemachte Sandwiches und Scones, die man aus der Hand essen kann. Und meine Zitronen-Joghurt-Küchlein (s. S. 60) sind das perfekte Outdoor-Dessert, denn sie sind bereits verzehrfertig und mit ihren Blüten-Tupfen auch ein wahrer Augenschmaus.

♡

Wenn das Wetter sich hält und Sie einen Balkon oder einen kleinen Garten haben, bieten sich Girlanden und Lichterketten für stimmungsvolle Abende an. Ein Bistrotisch im Shabby-Chic-Stil und dazu passende Stühle verstärken die romantische Atmosphäre. Mithilfe vieler Topfpflanzen können Sie auch eine Mini-Blumenwiese erschaffen; die Bienen werden sie lieben, und es erdet, wenn man den Tieren dabei zusieht, wie sie eifrig ihre Pollenkörbe füllen. Meine wichtigsten Investitionen für den Sommer sind ein Strohhut, ein hübsches halblanges Kleid und ein rosa Fahrrad mit großem Korb. Ich liebe die Räder des englischen Herstellers Pashley Cycles, und darum haben wir ein solches Modell für unsere Sommerdekoration in den Cafés verwendet. Solche Accessoires machen die Szene rund, die Sie mit frischen Blumen und saisonalen Backzutaten aus lokalen Geschäften erschaffen. Und all diese bezaubernden Dinge sind darüber hinaus auch noch praktisch, wenn Sie auf Ihrer Picknickdecke Platz nehmen und die verträumte sommerliche Atmosphäre genießen.

PEGGY PORSCHEN

PEGGY PORSCHEN
cakes
PLEASE WAIT HERE TO BE SEATED

Schoko-Heidelbeer-Tartelettes

Diese eleganten Schoko-Tartelettes sind mit sahniger Heidelbeercreme gefüllt und mit frischen Früchten, sommerlichen Baiser-Küssen und essbaren Veilchen garniert. Ich liebe an ihnen vor allem den Kontrast der dunkleren Töne wie Dunkelbraun und Violett mit dem Pastellrosa der Baiser-Küsse. Violette Stiefmütterchen sind für derartige Dekorationen einfach exquisit, doch auch andere essbare Blüten aus dem Garten werden hübsch dazu aussehen.

FÜR 12 TARTELETTES

Für die Heidelbeer-Baiser-Küsse

1 Portion Baiser-Küsse (s. S. 180; dieser Anleitung folgen, bis das Aroma hinzugefügt wird)
natürlicher Heidelbeerextrakt nach Belieben (s. S. 182)
Lebensmittelfarbpaste in Rosa

Für die Schoko-Tartelettes

150 g Butter, weich, plus etwas für die Form
275 g Mehl, gesiebt, plus etwas zum Bestäuben und für die Form
120 g Puderzucker, gesiebt
2 Eier, Gr. M, zimmerwarm
½ TL Vanilleextrakt
25 g Kakaopulver
1 Prise Salz

Für die Heidelbeercreme

400 g Heidelbeerpüree (aus 520 g Heidelbeeren, s. S. 179)
100 g Zucker
6 Eigelb
2 Eier, Gr. M
½ TL Pektin
150 g Butter, weich

Für die Dekoration

frische essbare Hornveilchen- oder Stiefmütterchen-Blüten
frische Zitronenmelisse- oder Minzblätter
frische Heidelbeeren
getrocknete essbare Rosenblütenblätter

Utensilien (s. S. 164, Grundausstattung, und S. 182, Bezugsquellen)

großer Spritzbeutel mit schmaler Sterntülle
großer Spritzbeutel mit großer Lochtülle
12 Tartelette-Formen, Ø 10 cm

HERSTELLEN DER HEIDELBEER-BAISER-KÜSSE

Den Ofen auf 80 °C vorheizen und zwei Backbleche mit Backpapier auslegen.

Einen Tropfen Heidelbeerextrakt zur Baiser-Masse geben.

Nun mit einem Palettenmesser 1 EL Baiser mit einem Tropfen rosafarbener Lebensmittelfarbe einfärben.

Solange die gefärbte Baiser-Masse in kleinen Portionen wieder zur weißen Masse geben und gut vermischen, bis alles pastellrosa gefärbt ist.

Eine Hälfte der gefärbten Masse in einen großen Spritzbeutel mit schmaler Sterntülle füllen, die andere in einen großen Spritzbeutel mit großer Lochtülle.

Mit der Lochtülle Baiser-Küsse auf ein mit Backpaier ausgelegtes Backblech spritzen; die Unterseiten sollten 2 cm breit sein. Sternförmige Küsse mit der

Sterntülle auf ein zweites Backblech spritzen; die Unterseiten sollten 2,5 cm breit sein. Der Größenunterschied lässt sich durch unterschiedlichen Druck auf den Spritzbeutel erreichen – je länger Sie drücken, desto größer wird der Baiser-Kuss.

Die Baiser-Küsse 1 Std. backen oder bis sie sauber vom Backblech abgehoben werden können. Abkühlen lassen.

HERSTELLEN DER TARTELETTES

Die Tartelette-Formen mit Butter einfetten und mit Mehl bestäuben. Die Formen kühl stellen, derweil den Mürbeteig zubereiten.

Butter und Puderzucker in der Schüssel der Küchenmaschine schaumig rühren.

Die Eier einzeln unterrühren, dann den Vanilleextrakt hinzufügen.

Mehl, Kakaopulver und Salz mischen und nach und nach unter die Buttermischung rühren.

Sobald sich alles gut verbunden hat, den Teig auf eine leicht bemehlte Arbeitsfläche legen. Zu einer Kugel formen, mit den Händen auseinanderziehen, dann erneut verkneten: Das aktiviert das Gluten im Mehl, der Teig wird fester und die gebackenen Tartelettes werden knuspriger. Den Teig in Frischhaltefolie wickeln und 30 Min. kühl stellen.

Den Teig in 10 gleichgroße Stücke teilen und jedes mit dem Teigroller auf einer leicht bemehlten Arbeitsfläche 3–4 mm dick ausrollen. Je einen Teigfladen über eine Tartelette-Form legen und sanft in die Form hineindrücken. Dabei auch an den Seiten andrücken. Überstehenden Teig mit einem Küchenmesser abschneiden. Die Böden mit einer Gabel mehrfach einstechen und die Formen 20 Min. kühl stellen. Den Backofen auf 175 °C (Umluft) vorheizen.

Die Tartelettes im vorgeheizten Ofen 10–12 Min. backen, bis sie goldbraun sind. In den Formen auf dem Kuchengitter abkühlen lassen und erst herausheben, wenn sie vollständig ausgekühlt sind.

HERSTELLEN DER HEIDELBEERCREME

Die Hälfte des Zuckers zum noch heißen Heidelbeerpüree geben und nochmals aufkochen.

Den restlichen Zucker und das Pektin in einer Schüssel vermischen.

In einer zweiten Schüssel die Eigelbe und die ganzen Eier verquirlen.

Das kochende Heidelbeerpüree über die Eier-Masse gießen und alles gut verrühren. Die Masse zurück in den Topf gießen und langsam aufkochen. Unter ständigem Schlagen 5 Min. kochen lassen.

Sobald die Creme eindickt, den Topf vom Herd nehmen und die Creme in eine Schüssel umfüllen. Ein Zuckerthermometer in die Creme stellen und die Oberseite möglichst großflächig mit Frischhaltefolie abdecken, damit sich keine Haut bildet. Auf 59 °C abkühlen lassen.

Wenn die Creme abgekühlt ist, fügen Sie nach und nach die weiche Butter hinzu. Dabei rühren Sie die Creme mit dem Pürierstab durch, damit sich die Masse zu einer Emulsion verbindet.

Die Tartelettes mit der Heidelbeercreme füllen und die Oberseiten mit einem Palettenmesser glätten. Im Kühlschrank abkühlen lassen.

DEKORIEREN DER TARTELETTES

Erst kurz vor dem Servieren auf jedes Tartelette je einen Baiser-Kuss in den unterschiedlichen Größen setzen.

Mit frischen essbaren Blüten, Zitronenmelisse- oder Minzblätter, Heidelbeeren und getrockneten Rosenblütenblättern garnieren.

Beeren-Holunderblüten-Torte

Diese Blütentorte ist so wunderschön, dass sie selbstverständlich zu meinen Lieblings-Sommerrezepten gehört. Leichtes Vanille-Chiffon-Biskuit wird mit Holunderblütensirup aromatisiert und mit Holunderblüten-Buttercreme, Beerenstückchen sowie einem Sommerbeerenkompott geschichtet. Das Ergebnis ist diese schmucke Torte mit einer kunstvollen Krone aus leuchtenden Beeren und hübschen Blütenblättern.

FÜR 1 TORTE, Ø 15 CM (FÜR 10 PERS.)

1 Portion Chiffon-Biskuit (s. S. 171), mit 1 TL Vanilleextrakt aromatisiert

Für die Beerenkonfitüre

150 g Beerenpüree (aus je 100 g frischen Erdbeeren, Heidelbeeren und Himbeeren, s. S. 179)
140 g Zucker
¼ TL Pektin

Für die Holunderblüten-Baiser-Buttercreme

1 Schichttorten-Portion Baiser-Buttercreme (s. S. 176)
15 Tropfen Holunderblütenextrakt (s. S. 182)
Lebensmittelfarbpaste in Magenta (s. S. 182)
2 EL gefriergetrocknete Himbeeren, zerkleinert

Für die Dekoration

frische Himbeeren
frische Heidelbeeren
1 Körbchen frische essbare Blüten, z. B. Veilchen, Stiefmütterchen, Kornblumen
1 EL gefriergetrocknete Himbeeren, zerkleinert

Utensilien (s. S. 164, Grundausstattung, und S. 182, Bezugsquellen)

3 flache Backformen, Ø 15 cm
Tortenunterlage, Ø 15 cm
kleiner Spritzbeutel (zum Selbermachen, s. S. 168)
geriffelter Tortenkamm
großer Spritzbeutel mit kleiner Sterntülle (Wilton No. 21)

HERSTELLEN DES HOLUNDERBLÜTEN-ZUCKERSIRUPS

Zucker und Wasser in einem Topf aufkochen und köcheln lassen, bis sich der Zucker aufgelöst hast. Den Topf vom Herd nehmen und den Sirup abkühlen lassen.

Den Holunderblütenextrakt unterrühren.

HERSTELLEN DER BEERENKONFITÜRE

Das Püree auf 50 °C erhitzen (bzw. abkühlen lassen, wenn Sie es gerade frisch zubereitet haben).

20 g Zucker mit dem Pektin gründlich mischen und zum heißen Beerenpüree geben. Aufkochen lassen und ein Zuckerthermometer hineinstellen.

Den restlichen Zucker hinzufügen und unter Rühren weiterkochen lassen, bis die Mischung auf 103 °C erhitzt ist.

Die Konfitüre in eine hitzebeständige Schüssel füllen und mit Frischhaltefolie abdecken, damit sich keine Haut bildet.

Noch weiter abkühlen lassen, dann in den Kühlschrank stellen.

HERSTELLEN DER HOLUNDERBLÜTEN-BAISER-BUTTERCREME

Den Holunderblütenextrakt unter die Baiser-Buttercreme rühren.

Vermischen Sie 1 EL der Baiser-Buttercreme mithilfe eines kleinen Palettenmessers mit wenig magentafarbener Lebensmittelfarbe, bis sich alle Farbsprenkel aufgelöst haben und die Masse dunkelrosa ist.

Solange die gefärbte Buttercreme in kleinen Portionen wieder zur weißen Creme geben und gut vermischen, bis alles gleichmäßig pastellrosa-purpurn gefärbt ist.

ZUSAMMENSETZEN UND DEKORIEREN DER TORTE

Mit den Biskuitböden gemäß Anleitung verfahren, bis der erste Boden auf die Tortenunterlage aufgelegt wird (s. S. 172).

Mit dem Palettenmesser gleichmäßig eine 5 mm dicke Buttercremeschicht auf dem ersten Biskuitboden verstreichen. Mit den zerkleinerten gefriergetrockneten Himbeeren bestreuen.

Dann den mittleren Biskuitboden (der auf beiden Seiten abgeschnitten wurde) auflegen und mit Holunderblüten-Zuckersirup tränken.

Etwa 2 EL Buttercreme in einen kleinen Spritzbeutel füllen und unten eine kleine Spitze abschneiden. Am Rand des Biskuitbodens einen 5 mm dicken Ring aufspritzen. Die Beerenkonfitüre mit einem Löffel in dem Buttercremering verteilen.

Den obersten Biskuitboden aufsetzen, mit der Krustenseite nach oben, und diese Seite mit Holunderblüten-Zuckersirup beträufeln.

Kontrollieren Sie, ob alle Biskuitböden genau übereinanderliegen und die Oberseite eben aufliegt. Buttercremereste, die an den Seiten herausquellen, mit einem Palettenmesser glatt verstreichen. Die Torte 20 Min. im Kühlschrank fest werden lassen.

Setzen Sie dann die Torte zurück auf den Drehteller und bestreichen Sie sie rundum mit noch etwas mehr Buttercreme, die Sie mit Palettenmesser und Seitenglätter glattziehen. Diese Krümelschicht fixiert die Krümel und sorgt für eine stabile Grundform. Sie muss nicht perfekt glatt sein und es ist völlig okay, wenn an ein paar Stellen noch Tortenboden durch die Buttercreme hindurchscheint.

Die Torte erneut kühl stellen, bis die Krümelschicht fest geworden ist (ca. 30 Min.).

Die gekühlte Torte mit einer perfekt glatten und gleichmäßigen Buttercremeschicht überziehen. Den geriffelten Tortenkamm um die Seiten, wo die Schicht gern etwas dicker sein darf, herumziehen (s. die Schritt-für-Schritt-Fotos auf S. 52). Wenn das Muster noch nicht perfekt ist, noch einige Male nachziehen. Die Torte wieder kühl stellen, bis die Buttercreme fest ist.

Die Torte frühestens 2 Std. vor dem Servieren dekorieren, da die essbaren Blüten sonst welken. Die restliche Buttercreme, wenn sie nicht zu fest ist, in einen Spritzbeutel mit kleiner Sterntülle füllen. Ansonsten kurz in der Mikrowelle erwärmen und dann erst in den Spritzbeutel füllen.

In gleichmäßigem Abstand einen Ring aus S-förmigen Cremetuffs auf die Oberseite der Torte spritzen.

Den Buttercremering mit frischen Beeren und essbaren Blüten dekorieren und mit zerkleinerten gefriergetrockneten Himbeeren bestreuen. Möglichst sofort servieren oder die essbaren Blüten erst direkt davor hinzufügen.

Ombré-Drip-Cake

Diese saisonale Schichttorte ist immer ein Hingucker und schmeckt so fabelhaft, wie sie aussieht. Der saftige Vanille-Schoko-Biskuit wird von Sauerkirschkonfitüre und einer pinkfarbenen Kirsch-Baiser-Buttercreme perfekt in Szene gesetzt. Wenn Sie jetzt auch noch auf Drip Cakes stehen, ist dies genau das richtige Rezept für Sie.

FÜR 1 TORTE, Ø 15 CM (FÜR 10 PERS.)

Für den Vanille-Zuckersirup

75 g Zucker
75 ml Wasser
½ TL Vanilleextrakt

Für das Vanille-Schoko-Biskuit

125 g gesalzene Butter, weich
250 g Zucker
1 TL Vanilleextrakt
5 Eier, Gr. M
250 g Mehl, gesiebt
2 TL Backpulver
125 ml Sonnenblumenöl
100 g dunkle Schokosplitter (mind. 53 % Kakaoanteil)

Für die Kirsch-Baiser-Buttercreme

125 g Kirschpüree (aus 400 g entsteinten frischen oder TK-Sauerkirschen, s. S. 179), kalt
1 Schichttorten-Portion Baiser-Buttercreme (s. S. 176)
Lebensmittelfarbpaste in Pink

Für die Sauerkirschfüllung

150 g Sauerkirschkonfitüre

Für die Schoko-Ganache

75 g dunkle Schokolade (mind. 53 % Kakaoanteil)
90 g Sahne
1 TL flüssige Glukose

Für die Dekoration

12 frische Kirschen mit Stielen

Utensilien (s. S. 164, Grundausstattung, und S. 182, Bezugsquellen)

3 flache Backformen, Ø 15 cm
Tortenunterlage, Ø 15 cm
kleiner Spritzbeutel (zum Selbermachen, s. S. 168)
kleiner Spritzbeutel mit kleiner Sterntülle

HERSTELLEN DES VANILLE-ZUCKERSIRUPS

Zucker, Wasser und Vanilleextrakt in einem Topf aufkochen und köcheln lassen, bis sich der Zucker aufgelöst hat. Den Topf vom Herd nehmen und den Sirup abkühlen lassen.

HERSTELLEN DER VANILLE-SCHOKO-BISKUITBÖDEN

Den Backofen auf 175 °C (Umluft) vorheizen. Die drei Backformen mit Öl einsprühen und mit Backpapier auslegen.

Butter, Salz, Zucker und Vanilleextrakt in der Schüssel der Küchenmaschine auf mittlerer bis hoher Stufe blass und schaumig rühren.

In einer zweiten Schüssel die Eier leicht verquirlen und nach und nach unter Rühren auf mittlerer Stufe zur Buttermischung gießen. Es sollte sich alles gut verbinden; eventuell kurz warten, dann mehr hinzugeben und einrühren. Eier und Butter sollten zimmerwarm sein, damit sich der Teig nicht trennt. Sollte das passieren, 1 EL Mehl unterrühren, um den Teig zu binden, und erst dann weitere Eier hinzufügen.

Nun das Mehl mit dem Backpulver mischen und in zwei Portionen unterheben, dabei jede Portion gründlich einrühren. Mit einem Teigspatel die Teigreste vom Boden der Schüssel abkratzen und mit einarbeiten.

Den Teig gleichmäßig auf die Backformen verteilen und vorsichtig bis zum Rand hin verstreichen. An den Seiten sollte er etwas höher sein als in der Mitte, damit das Biskuit beim Backen gleichmäßig aufgeht.

Im vorgeheizten Ofen 20–30 Min. backen. Das Biskuit ist fertig, wenn sich die Ränder von der Form lösen und die Oberseite bei leichtem Druck zurückspringt.

Die Biskuitböden 10 Min. in den Formen abkühlen lassen und die Oberseiten mit dem Vanille-Zuckersirup bestreichen. So bildet sich auf den Böden keine harte Kruste und die Wärme sorgt dafür, dass Feuchtigkeit und Aromen gleichmäßig aufgenommen werden.

Die abgekühlten Biskuitböden vorsichtig aus den Backformen heben. Dabei die Ränder nicht beschädigen und eventuell ein kleines Küchenmesser zu Hilfe nehmen. Die Biskuitböden auf einem Kuchengitter vollständig auskühlen lassen.

HERSTELLEN DER KIRSCH-BAISER-BUTTERCREME

Ein Drittel der Baiser-Buttercreme in eine extra Schüssel füllen und beiseitestellen.

Das Kirschpüree mit den restlichen zwei Dritteln der Buttercreme gut verrühren. Püree und Buttercreme sollten zimmerwarm sein, damit sich die Masse nicht trennt.

ZUSAMMENSETZEN UND DEKORIEREN DER TORTE

Mit den Biskuitböden gemäß Anleitung verfahren, bis der erste Biskuitboden auf die Tortenunterlage aufgelegt wird (s. S. 172).

Mit dem Palettenmesser gleichmäßig eine 5 mm dicke Buttercremeschicht auf dem ersten Biskuitboden verstreichen.

Dann den mittleren Biskuitboden (der auf beiden Seiten abgeschnitten wurde) auflegen. Etwa 2 EL Buttercreme in einen kleinen Spritzbeutel füllen und unten eine kleine Spitze abschneiden. Am Rand des Biskuitbodens einen 5 mm dicken Ring aufspritzen. Die Kirschkonfitüre mit einem Löffel in dem Buttercremering verteilen.

Den obersten Biskuitboden aufsetzen, mit der Krustenseite nach oben.

Kontrollieren Sie, ob alle Biskuitböden genau übereinanderliegen und die Oberseite eben aufliegt. Buttercremereste, die an den Seiten herausquellen, mit einem Palettenmesser glatt verstreichen.

Die Torte mit mehr Buttercreme bestreichen, die Sie mit Palettenmesser und Seitenglätter glattziehen. Diese Krümelschicht fixiert die Krümel und sorgt für eine stabile Grundform. Sie muss nicht perfekt glatt sein und es ist völlig okay, wenn an ein paar Stellen noch Tortenboden durch die Buttercreme hindurchscheint. Die Torte etwa 30 Min. kühl stellen, bis die Krümelschicht fest geworden ist.

Die restliche Kirschbuttercreme in zwei gleichgroße Portionen teilen. Eine Portion mit etwas pinkfarbener Lebensmittelfarbe in einem dunklen Kirschrosa einfärben. Eventuell auch sehr wenig pinkfarbene Lebensmittelfarbe unter die zweite Portion, die noch blassrosa ist, mischen, damit auch sie mehr leuchtet.

Wenn die Krümelschicht fest ist, die Torte wieder auf den Drehteller setzen und mit einem Palettenmesser die Oberseite gleichmäßig mit der zuvor beiseitegestellten weißen Baiser-Buttercreme bestreichen.

Tragen Sie anschließend an den Seiten drei gleich breiten Streifen der verschieden gefärbten Buttercreme auf: unten dunkelrosa, in der Mitte hellrosa, oben weiß. (Alternativ die verschieden gefärbten Cremes je in einen Spritzbeutel mit Lochtülle geben und in Ringen aufspritzen.)

Beginnen Sie mit der untersten Schicht: Die dunkelrosa gefärbte Buttercreme auf dem unteren Drittel der Seiten verstreichen. Dann das mittlere Drittel mit der Buttercreme in Hellrosa bestreichen und das obere Drittel mit der ungefärbten Creme. Reste der dunkelrosa gefärbten Buttercreme zum späteren Aufspritzen von Rosetten aufbewahren.

Die Creme-Streifen mit dem Seitenglätter glatt ziehen. Sollte es beim ersten Mal nicht perfekt werden, den Seitenglätter säubern und mehrmals um die Torte herumziehen, bis die Seiten ganz glatt sind. Es sollte kein Biskuitboden mehr durchscheinen.

Überschüssige Buttercreme auf der Oberseite der Torte mit Palettenmesser oder Seitenglätter vom Rand zur Mitte hin verstreichen. Die Torte auf eine Tortenunterlage setzen und 1 Std. kühl stellen.

HERSTELLEN DER SCHOKO-GANACHE

Die Schokolade in Stücke brechen und in eine hitzebeständige Schüssel geben. Die Sahne und die flüssige Glukose erwärmen, bis sie sanft köcheln, aber nicht kochen.

Die Sahne in zwei bis drei Portionen in die Schokolade gießen, jede Portion mit einem Teigspatel gründlich unterrühren.

Die Ganache in einen hohen Rührbecher gießen und die Oberfläche mit Frischhaltefolie bedecken. Für einige Minuten lauwarm abkühlen lassen.

DEKORIEREN DER TORTE

Die Torte zurück auf den Drehteller setzen.

Die warme (nicht mehr heiße) Ganache über den Rand der Torte gießen, den Teller dabei gleichmäßig drehen. Die Ganache soll in feinen Tropfen an den Seiten herunterlaufen. Falls es einfacher erscheint, können Sie die Ganache auch in einen Spritzbeutel füllen und daraus herunterlaufen lassen.

Mit dem Palettenmesser die Ganache vorsichtig zur Tortenmitte hin verstreichen, bis die Oberseite der Torte gleichmäßig davon bedeckt ist. Die Torte 20 Min. kühl stellen, bis die Ganache fest ist.

Die restliche dunkelrosa gefärbte Buttercreme in einen Spritzbeutel mit kleiner Sterntülle füllen.

In gleichmäßigem Abstand 10 gleichgroße Rosetten auf die Oberseite der Torte aufspritzen und jede mit einer Kirsche garnieren.

PEGGY PORSCHEN
cakes
PLEASE
WAIT HERE
TO BE
SEATED

Herbst & Halloween

Die Ankunft des Herbstes taucht unsere Cafés stets sprichwörtlich in Gold. Neue Energie wird spürbar, wenn der Himmel in einem wunderbaren Licht leuchtet, die Blätter in Belgravia ihre Farbe ändern und sich alles auf gewisse Weise gemütlicher und heimeliger anfühlt. Ich fühle mich dann wieder ein wenig wie in meiner Kindheit, als diese Zeit des Jahres durch neue Schuhe für die Schule und frisch angespitzte Stifte gekennzeichnet war, und so bekommen auch die Cafés zu dieser Saison immer einen frischen, neuen Look.

Ich stelle immer wieder fest, dass der Herbst das Kind in uns zum Leben erweckt, denn die Freude bei der Auswahl von Kürbissen und die Ausgelassenheit zu Halloween lassen ein Gefühl nostalgischer Aufgeregtheit aufkommen. Es ist ein ungeschriebenes Gesetz, dass wir mit dem herbstlichen Erscheinungsbild der Cafés Grenzen austesten dürfen und dass es uns freisteht, den Spaß in den Vordergrund zu stellen und etwas zu riskieren.

2019 verwandelten wir unsere Cafés über Nacht in einen Wald mit riesigen Fliegenpilzen. Dieses utopische Bild verursachte eine große Welle der Aufmerksamkeit in den sozialen Netzwerken, und die Kollektion wurde zu einer der am meisten diskutierten Aktionen überhaupt. Und aus diesem Grund spielen auch in diesem Kapitel Kürbisse und Pilze die Hauptrollen.

Ich bin glücklich, unsere meistverkauften Gewürz-Kürbis-Cupcakes hier mit aufnehmen zu können sowie das „Fancy Forager"-Cupcake-Trio, mit denen es auch Ihnen möglich sein wird, die Schönheit dieser Jahreszeit in all ihren Facetten zu genießen und die Aromen des Herbstes voll auszukosten. Zu Halloween verspricht die Black-Velvet-Torte „Sweet Shivers" ultimativen Genuss für die ganze Familie.

Rosa Fliegenpilze

CHAI-COOKIES

Diese märchenhaften rosa Fliegenpilz-Cookies, die mit den wärmenden, perfekt zum Herbst passenden Aromen von Chai-Gewürzen daherkommen, sind zum Essen eigentlich zu schade. Die Verzierung sieht aufwendig aus, aber wenn Sie Schritt für Schritt vorgehen, sind die Techniken leicht verständlich und mit den verwendeten Werkzeugen kann man gut umgehen.

FÜR 12 COOKIES

Für die Chai-Cookies

1 Portion Zucker-Cookie-Teig (s. S. 165), zubereitet mit den folgenden ins Mehl gemischten Gewürzen:
2 TL Zimt, gemahlen
1 TL Ingwer, gemahlen
1 TL Kardamom, gemahlen
½ TL Piment, gemahlen
½ TL Gewürznelke, gemahlen
etwas Mehl zum Bestäuben

Für die Dekoration

1 Portion Halb-und-Halb-Paste (s. S. 166)
Lebensmittelfarbpaste in Elfenbein, Altrosa, Mintgrün (s. S. 182)
150 g Royal Icing (s. S. 167)
Puderzucker oder Speisestärke zum Bestäuben
Pflanzenfett, weiß
essbares Perlmutt-Glanzspray (s. S. 182)
essbares Goldglanzpulver (s. S. 182)
klarer Alkohol, z. B. Wodka, oder Zitronensaft
50 g Zuckerblütenpaste, weiß

Utensilien (s. S. 164, Grundausstattung, und S. 182, Bezugsquellen)

mittelgroße und große Fliegenpilz-Cookie-Ausstecher (s. S. 182; oder Sie erstellen und verwenden die Vorlage auf S. 165 gemäß der Anleitung hier)
mittelgroße und große Pilzlamellen-Schablonen (meine habe ich von einem Schablonen-Hersteller anfertigen lassen, s. S. 182; oder Sie erstellen und verwenden die Vorlage auf S. 165 gemäß der Anleitung hier)
Rosen-Silikonform

BACKEN DER COOKIES

Den Backofen auf 175 °C (Umluft) vorheizen und zwei Backbleche mit Backpapier auslegen.

Erstellen Sie mit der Vorlage auf S. 165 zwei Pilz-Schablonen – einmal in Originalgröße, einmal etwas größer, um zwei unterschiedlich große Pilze backen zu können – sowie eine dritte Schablone für die Lamellen. Übertragen Sie die Pilz-Vorlage dafür auf einen Karton oder kopieren Sie sie und kleben Sie sie auf den Karton; dann ausschneiden. Für die Lamellen-Schablone den Entwurf ebenfalls auf einen Karton übertragen, diesen dann auf eine Plastikfolie legen (z. B. eine dickere Klarsichtfolie) und die Lamellen mit einem feinen Cutter daraus ausschneiden.

Den gekühlten Teig kurz durchkneten, dann auf einer bemehlten Arbeitsfläche 5 mm dick ausrollen.

Mit den Fliegenpilz-Cookie-Ausstechern 6 große und 6 mittelgroße Pilze ausstechen. Bei Verwendung Ihrer eigenen Vorlagen legen Sie diese auf den Teig und umfahren Sie sie mit einem Küchenmesser. Die 12 Cookie-Pilze mit jeweils 1 cm Abstand auf die Backbleche legen. Das Backpapier sollte ganz glatt liegen und an den Rändern beschwert werden, da die Cookies bei Umluft gebacken werden und sie sonst vom Blech abgehoben werden könnten. Die Cookie-Pilze auf den Blechen 10 Min. kühl stellen.

Im vorgeheizten Ofen 8–12 Min. backen, dabei die Backbleche einmal drehen, damit die Cookies

©2017 Katy Sue Designs

gleichmäßig backen. Sie sollten schön goldbraun aus dem Ofen kommen und bei leichtem Druck noch etwas zurückspringen. Die Cookie-Pilze auf den Blechen abkühlen lassen.

DEKORIEREN DER COOKIES

Die Halb-und-Halb-Paste in drei gleichgroße Portionen teilen. Eine Portion mit der Lebensmittelfarbe in Elfenbein einfärben (s. S. 166). Die anderen beiden Portionen mit der Lebensmittelfarbe in Altrosa einfärben: eine blasser, eine etwas dunkler. Jede Pastenportion einzeln in Frischhaltefolie wickeln und 10 Min. ruhen lassen, damit sie etwas fester wird.

Färben Sie das Royal Icing mit wenig Altrosa blassrosa ein und fügen Sie dann einen Tropfen Wasser hinzu, um eine cremige Konsistenz zu erreichen (s. S. 167). Das Royal Icing bis zur weiteren Verwendung mit einem feuchten Tuch abdecken.

Eine ebene Arbeitsfläche oder ein Kunststoffbrett mit Speisestärke bestäuben. Einen Teigroller dünn mit Pflanzenfett bestreichen und die elfenbeinfarbene Paste 1 mm dick ausrollen.

Die Lamellen-Schablone auflegen, dabei rundum den Platz für den Pilz-Ausstecher bzw. die Pilz-Vorlage einplanen. Das blassrosafarbene Royal Icing mit einem Mini-Palettenmesser über der Schablone dünn verstreichen. Überschüssige Glasur abnehmen und die Lamellen mit essbarem Perlmutt-Glanzspray besprühen. Erst dann die Schablone vorsichtig abheben und mit einem feuchten Tuch säubern, um sie wiederzuverwenden.

Einen der Pilz-Ausstecher (oder eine der Vorlagen) um die Lamellen legen und einen Pilz aus der Paste ausstechen. Den Pasten-Pilz auf eine mit Puderzucker oder Speisestärke bestäubte Arbeitsfläche legen und ein wenig aushärten lassen.

Diese Schritte wiederholen, um 5 weitere elfenbeinfarbene Pasten-Pilze herzustellen. Dann die blassrosa gefärbte Zuckerblütenpaste ausrollen und auf gleiche Weise 6 Pasten-Pilze in dieser Farbe herstellen. Die Größen dabei variieren, entsprechend der vorbereiteten Cookie-Pilze.

Für den Zuckerkleber 1 EL Royal Icing mit 1 TL Wasser verrühren. Die Oberseiten der Cookie-Pilze damit einpinseln. Mit dem Palettenmesser die etwas ausgehärteten elfenbein- und blassrosafarbenen Pasten-Pilze in den passenden Größen auf die Cookie-Pilze auflegen und ankleben.

Nun die etwas dunkler altrosa eingefärbte Pastenportion auf gleiche Weise ausrollen und daraus mit dem oberen Teil der Pilz-Ausstecher (oder Ihrer Vorlagen) passende Pilzhüte ausschneiden. Dabei die Trennlinie oberhalb der Lamellen mit einem scharfen Küchenmesser nachziehen.

Das essbare Goldglanzpulver mit wenig klarem Alkohol zu einer dickflüssigen Farbe verrühren. Einen Künstlerpinsel hineintauchen, über die Pilzhüte halten und mithilfe der Finger die Farbe darauf klecksen, um die Hüte golden zu sprenkeln.

Mit dem Zuckerkleber passende Hüte auf die zusammengeklebten Fliegenpilze setzen.

Dann 40 g weiße Zuckerblütenpaste mit wenig Lebensmittelfarbe in Altrosa kräftig dunkelrosa einfärben. Die restlichen 10 g mit wenig Lebensmittelfarbe in Mintgrün einfärben. Sollte die Paste noch zu klebrig sein, fügen Sie etwas Pflanzenfett hinzu.

Die Innenflächen der Rosen-Silikonform dünn mit Pflanzenfett bestreichen. Die kräftig dunkelrosafarbene Zuckerblütenpaste in 12 gleichgroße Portionen teilen und jede zu einer glatten Kugel rollen. Jede Kugel einzeln in den Rosenblütenumriss der Form drücken, die Oberseite glattstreichen, überstehende Paste abschaben. Zum Herausnehmen die Form nach außen umbiegen, bis die Rosenblüte herausfällt. Bei Bedarf jeweils vor der nächsten Rosenblüte die Form erneut einfetten.

Stellen Sie auf gleiche Weise mit der mintgrünen Paste 12 bis 18 Rosenblätter her. Dafür füllen Sie nur die Blattumrisse in der Form damit.

Die Rosenblüten und -blätter dünn mit essbarem Perlmutt-Glanzspray einsprühen.

Jeweils eine Rosenblüte und zwei bis drei Blätter mit Royal Icing auf die Cookies kleben. Vollständig aushärten lassen.

Gewürz-Kürbis-Cupcakes

Der Gewürz-Kürbis-Cupcake ist im Herbst der mit Abstand beliebteste seiner Art. Jedes Jahr bekommt er einen völlig neuen Look, um unser aktuelles saisonales Thema aufzunehmen. Die rosafarbenen Baiser-Fliegenpilze wurden für unsere *„Forage Fever"*-Kollektion entworfen, das wohl spektakulärste Arrangement, das wir je in unseren Cafés umgesetzt haben.

FÜR 24 CUPCAKES

Für das Gewürz-Frischkäse-Frosting

1 Portion Frischkäse-Frosting (s. S. 177)
2 EL Zimt, gemahlen

Für die Baiser-Fliegenpilze

2 Portionen Baiser-Küsse (s. S. 180; dieser Anleitung folgen, bis das Aroma hinzugefügt wird)
1 TL Vanilleextrakt
Lebensmittelfarbpaste in Altrosa (s. S. 182)
2 EL weiße Zuckerperlen
Kakaopulver zum Bestäuben
200 g dunkle Schokoladensplitter (mind. 53 % Kakaoanteil), geschmolzen

Für die Kürbis-Cupcakes

110 g Butter
310 g Kürbispüree
360 g brauner Zucker
130 ml Buttermilch
¼ TL Salz
4 Eier, Gr. M
265 g Mehl
2½ TL Backpulver
½ geh. TL Natron
2 TL Ingwer, gemahlen
2¼ TL Zimt, gemahlen
1 Prise Gewürznelke, gemahlen

Für die Dekoration

2 EL Pistazienkerne, gehackt

Utensilien (s. S. 164, Grundausstattung, und S. 182, Bezugsquellen)

3 große Spritzbeutel mit je 1 cm großer Lochtülle
2 Muffinbleche mit je 12 Mulden
24 rosafarbene Papierförmchen
großer Spritzbeutel
großer Spritzbeutel mit großer schmaler Sterntülle

HERSTELLEN DES GEWÜRZ-FRISCHKÄSE-FROSTING

Das Frosting im Voraus zubereiten, damit es genug Zeit zum Kühlen hat. Das fertige Frosting mit dem Zimt vermischen und bis zur Verwendung erneut kühl stellen.

HERSTELLEN DER BAISER-FLIEGENPILZE

Den Ofen auf 80 °C vorheizen und zwei Backbleche mit Backpapier auslegen.

Den Vanilleextrakt zur Baiser-Masse geben und gut unterheben.

Die Hälfte der Baiser-Masse in einen großen Spritzbeutel mit 1 cm großer Lochtülle füllen und beiseitelegen – dieses Baiser bleibt weiß.

Nun mit einem Palettenmesser 1 EL von der restlichen Baiser-Masse mit einem Tropfen altrosafarbener Lebensmittelfarbe vermischen, bis sich alle Farbsprenkel aufgelöst haben und diese Masse mittelrosa eingefärbt ist.

Die restliche Baiser-Masse in zwei gleichgroße Portionen teilen. Mit dem mittelrosafarbenen Baiser eine Portion blassrosa einfärben; dafür solange das gefärbte Baiser in kleinen Portionen zur weißen Masse geben und gut vermischen, bis der gewünschte Farbton erreicht ist. Die zweite Baiser-Portion auf gleiche Weise, aber in einem dunkleren Rosaton einfärben.

Jede Portion in je einen Spritzbeutel mit 1 cm großer Lochtülle füllen.

Spritzen Sie nun etwa 30 kleine blassrosafarbene und 30 große dunkelrosafarbene Baiser-Küsse als Pilzhüte auf die Backbleche. Die kleinen sollten an den Unterseiten 2 cm breit sein, die großen etwa 2,5 cm. Stellen Sie mindestens 48 Hüte her, besser ein paar mehr, falls welche zu Bruch gehen.

Die dunkelrosafarbenen Hüte mit weißen Zuckerperlen bestreuen, die blassrosafarbenen Hüte mit Kakaopulver bestäuben.

Mit dem Spritzbeutel mit weißem Baiser 30 kleine und 30 große Pilzstiele spritzen. Dafür mit einem runden Tupfen beginnen, dann den Beutel hochnehmen und gleichzeitig fest drücken, sodass sich oben eine dünne Spitze bildet. Die Spitzen mit etwas Kakaopulver bestäuben.

Im vorgeheizten Ofen 1 Std. backen, bis Sie die Stiele leicht vom Backblech abheben können. Abkühlen lassen.

Zum Zusammensetzen eines Pilzes die Spitze eines weißen Stiels in die Schokolade tauchen und in die Unterseite eines rosafarbenen Hutes drücken. So vorgehen, bis alle Pilze zusammengesetzt sind: die kleinen Stiele mit den kleinen Hüten, die großen Stiele mit den großen Hüten. Die Schokolade vollständig fest werden lassen.

BACKEN DER KÜRBIS-CUPCAKES

Den Backofen auf 175 °C (Umluft) vorheizen und Papierförmchen in die Mulden der Muffinbleche setzen.

Die Butter in einem kleinen Topf zerlassen und leicht abkühlen lassen.

Kürbispüree, Zucker, Buttermilch und Salz in einer Schüssel gründlich verrühren.

Mehl, Backpulver, Natron und Gewürze sieben und in drei Portionen zur Masse geben. Auf niedriger Stufe ständig rühren und erst eine Portion gut verrühren, bevor die nächste dazugegeben wird.

Zum Schluss rühren Sie behutsam die geschmolzene Butter unter.

Den Teig in einen großen Spritzbeutel füllen und von der Spitze 2,5 cm abschneiden. Den Teig so in die Papierförmchen spritzen, dass diese zu je zwei Dritteln gefüllt sind.

Im vorgeheizten Ofen etwa 15 Min. backen. Die Cupcakes sind fertig, wenn die Oberseiten bei leichtem Druck nachgeben und sich die Ränder der Förmchen vom Blech lösen. Sie sollten weich und noch etwas klebrig sein.

Aus dem Ofen nehmen und in den Blechen einige Minuten abkühlen lassen.

Die abgekühlten Cupcakes auf einem Kuchengitter vollständig auskühlen lassen.

DEKORIEREN DER CUPCAKES

Das Frischkäse-Frosting aus dem Kühlschrank nehmen und mit dem Teigspatel einmal umrühren, damit es etwas geschmeidiger wird.

Das Frosting in einen Spritzbeutel mit großer schmaler Sterntülle füllen und einen Frosting-Tuff auf jeden Cupcake spritzen.

Je einen großen und einen kleinen Pilz in die Tuffs setzen.

Gehackte Pistazienkerne um die Pilzstiele herum aufstreuen.

Die Cupcakes dekorieren und dann zügig servieren. Die Cupcakes nicht länger als ein paar Stunden nach dem Aufsetzen der Pilze kühl stellen, da die Baisers sonst weich werden und schmelzen oder herunterfallen können.

TIPP

Übrige Pilze können Sie gut verschenken oder später als kleine Köstlichkeiten servieren, denn sie halten sich in einem luftdicht verschließbaren Behälter an einem dunklen Ort einige Wochen.

PEGGY PORSCHEN
cakes

DEKOIDEEN FÜR HERBST & HALLOWEEN

Im Herbst und zu Halloween ist in meinem Buch Rosa das neue Orange! Dann haben rosafarbene Kürbisse ihren großen Auftritt. Jedes Jahr streicht unser Top-Florist Mathew Dickinson mit großer Geduld zahllose Pappmaché-Kürbisse in Rosa an. Für einen perfekten Rosaton muss man sie mehrmals anmalen, doch der Aufwand lohnt sich. Diese Kürbisschönheiten sind lange haltbar, und wenn Sie so etwas für zu Hause vorbereiten, können Sie Ihre Sammlung jedes Jahr wieder benutzen und erweitern.

♡

Kreieren Sie zauberhafte Farbarrangements in blassen Rosatönen und fügen Sie einige kräftige Farbakzente hinzu. Weinrot und Mauve sehen zu dunklem Orange und Altrosa einfach sensationell aus. Es gibt einige Online-Anbieter – Etsy etwa ist eine gute Adresse – für Vinyl-Sticker mit Halloween-Slogans wie „BOO" oder „Süßes oder Saures!" Diese Sticker können direkt auf die Kürbisse geklebt werden und geben Ihrer stilvollen Dekoration etwas Spielerisches.

♡

Neben Pappmaché-Kürbissen gibt es Herbstblätter aus Papier, Totenköpfe und Skelette zu erwerben. Da die letzteren beiden in Weiß ganz schön gruselig aussehen, können Sie sie in Pastellfarben bemalen, was sie total stylish macht. Ich dekoriere sie auch gern mit Seidenblüten, Strassschmuck und Perlen etwa aus dem Kurzwarenladen, aber auch der Covent Garden Flower Market in London erweist sich für solche Dinge immer als wahre Schatztruhe.

♡

Sehr einladend und sehr gespenstisch zugleich wirkt es, wenn Sie antike Laternen in Ihre Deko einbauen. Oder Sie lassen die Hexen fliegen und besorgen sich einen Reisigbesen, dessen Spitzen Sie in Rosagold einsprühen – eine tolle Dekoration oder auch Requisite für eine Halloween-Fotoboxen-Aktion. Vergessen Sie auf keinen Fall, für die kleinen (und großen) Halloweengestalten, die garantiert nach „Süßem oder Saurem" fragen, leckere Kürbis-Cookies vorzubereiten. Und für die ultimative Demonstration Ihrer Backkünste bietet sich meine Black-Velvet-Torte „Sweet Shivers" an (S. 125).

Fancy Forager

HERBSTLICHES CUPCAKE-TRIO

Der Herbst bietet eine große Vielfalt an Aromen und Genüssen und Sie können hier zwischen drei dazu passenden Rezepten wählen.

Zu meinen Lieblings-Herbstklassikern zählen die Gewürzapfel-Toffee-Cupcakes, bestehend aus einem Karamell-Buttermilch-Biskuit, das mit Apfelkompott gefüllt und mit einem Zimt-Frischkäse-Frosting und einer Toffee-Sauce gekrönt wird.

Die Brombeer-Streusel-Cupcakes sind echte Stars ihrer Art. Ein Brombeer-Buttermilch-Biskuit wird mit Brombeerkonfitüre gefüllt, das Topping besteht aus Brombeer-Baiser-Buttercreme, Brombeerpüree, frischen Beeren und etwas Knuspermüsli, und Zitronenmelisse bildet den Abschluss.

Und für alle, die den Herbst einfach nur süß genießen wollen, gibt es die Salzkaramell-Popcorn-Cupcakes. Das Karamell-Buttermilch-Biskuit wird mit einer Meersalz-Toffee-Sauce und einem Frosting aus Karamell-Frischkäse geküsst, während crunchiges Popcorn mit Meersalz-Karamell-Kruste obenauf thront.

Gewürzapfel-Toffee-Cupcakes

FÜR 24 CUPCAKES

Für das Zimt-Frischkäse-Frosting

1 Portion Frischkäse-Frosting (s. S. 177)
½ TL Vanilleextrakt
1 TL Zimt, gemahlen

Für den Vanille-Zuckersirup

100 g Zucker
100 ml Wasser
1 TL Vanilleextrakt

Für die Gewürzapfel-Cupcakes

110 g Butter
1 Prise Salz
240 g Zucker
145 g brauner Zucker
1 TL Zimt, gemahlen
3 Eier
270 g Mehl
240 ml Buttermilch
1 TL Weißweinessig
1 TL Natron
180 g Äpfel (z. B. Golden Delicious, Granny Smith), geschält, entkernt, gewürfelt

Für die Toffee-Sauce

100 ml Wasser
300 g Zucker
25 g flüssige Glukose
200 g Crème double
90 g Butter, gewürfelt
¾ TL Meersalz

Für das Apfelkompott

2 große Äpfel (z. B. Golden Delicious, Granny Smith), geschält, entkernt, gewürfelt
1 Spritzer Zitronensaft
1 Tropfen Vanilleextrakt

Für die Dekoration

24 große perlmutt-rosafarbene Schokoperlen (s. S. 182)
weinrote Zuckerperlen (s. S. 182)
metallic-rosafarbene Zuckerperlen, ø 4 mm (s. S. 182)

Utensilien (s. S. 164, Grundausstattung, und S. 182, Bezugsquellen)

2 Muffinbleche mit je 12 Mulden
24 rosafarbene Papierförmchen
großer Spritzbeutel
großer Spritzbeutel mit großer Sterntülle

HERSTELLEN DES ZIMT-FRISCHKÄSE-FROSTING

Das Frosting im Voraus zubereiten, damit es genug Zeit zum Kühlen hat.
Das fertige Frosting mit Vanilleextrakt und Zimt mischen und bis zur Verwendung erneut kühl stellen.

HERSTELLEN DES VANILLE-ZUCKERSIRUPS

Zucker, Wasser und Vanilleextrakt in einem kleinen Topf aufkochen und köcheln lassen, bis sich der Zucker aufgelöst hat. Den Topf vom Herd nehmen und den Sirup abkühlen lassen.

BACKEN DER GEWÜRZAPFEL-CUPCAKES

Den Ofen auf 175 °C (Umluft) vorheizen und Förmchen in die Mulden der Muffinbleche setzen.

Butter, Salz, Zucker, braunen Zucker und Zimt in der Schüssel der Küchenmaschine auf mittlerer bis hoher Stufe blass und schaumig rühren. Das braucht etwas Zeit, deshalb diesen Schritt zuerst ausführen, sodass ausreichend Luft in die Masse kommt.

In einer zweiten Schüssel die Eier aufschlagen und dann unter ständigem Rühren auf niedriger Stufe nach und nach zur Buttermischung geben. Falls sich der Teig trennt, eine Handvoll Mehl unterrühren.

Nun abwechselnd Mehl und Buttermilch portionsweise unter den Teig mischen und alles gut verrühren.

Essig und Natron in einer kleinen Schüssel verquirlen und sofort, wenn es aufsprudelt, in den Teig einrühren.

Den Teig in einen großen Spritzbeutel füllen und von der Spitze 2,5 cm abschneiden. Den Teig so in die Papierförmchen spritzen, dass diese zu je zwei Dritteln gefüllt sind.

Setzen Sie dann drei bis vier Apfelwürfel auf den Teig. Die Würfel versinken beim Backen im Teig.

Im vorgeheizten Ofen etwa 15 Min. backen. Die Cupcakes sind fertig, wenn sie goldgelb sind, die Oberseiten bei leichtem Druck nachgeben und sich die Ränder der Förmchen vom Blech lösen.

Aus dem Ofen nehmen und in den Blechen einige Minuten abkühlen lassen.

Die Oberseiten der Cupcakes mit dem Vanille-Zuckersirup bestreichen, solange sie noch warm sind. So kann das Biskuit die Feuchtigkeit aufnehmen und es bildet sich keine trockene Kruste.

Die Cupcakes auf einem Kuchengitter vollständig auskühlen lassen (nicht im Blech belassen, sonst kleben die Papierförmchen am Boden fest). Die Unterseiten mit einem feuchten Tuch abwischen, falls sie vom Sirup klebrig sind.

Die erkalteten Cupcakes für 30 Min. in den Kühlschrank stellen, damit das Biskuit fester wird.

HERSTELLEN DER TOFFEE-SAUCE

Wasser, Zucker und Glukose in einem hohen Topf unter ständigem Rühren bei mittlerer Temperatur kochen, bis sich der Zucker aufgelöst hat und die Masse bernsteinfarben ist.

Sobald der Zucker karamellisiert ist, die Sahne langsam unter Rühren in den Karamell gießen. Der Karamell wird dabei sprudelnd aufkochen, daher unbedingt vorsichtig arbeiten.

Wenn Sahne und Karamell sich gut verbunden haben, die Butter hinzufügen und weitere 2–3 Min. rühren, bis die Butter vollständig geschmolzen ist.

Die Mischung 1 Min. lang aufkochen, dann den Topf vom Herd nehmen und das Meersalz einrühren.

Die Sauce in eine Schüssel umfüllen, mit Frischhaltefolie abdecken und vollständig auskühlen lassen.

ZUBEREITEN DES APFELKOMPOTTS

Die Apfelwürfel und den Zitronensaft in einem Topf in etwa 5–10 Min. zu einem stückigen Kompott verkochen.

Nach Belieben Vanilleextrakt untermischen und das Kompott vollständig auskühlen lassen.

FÜLLEN UND DEKORIEREN DER CUPCAKES

Aus der Mitte jedes Cupcakes mit dem Melonenausstecher eine kleine Mulde ausstechen.

Mit einem Teelöffel je 1 TL Apfelkompott und 1 TL Toffee-Sauce hineingeben. Die Reste von Kompott und Sauce beiseitestellen.

Das Frischkäse-Frosting aus dem Kühlschrank nehmen und mit dem Teigspatel einmal umrühren, damit es etwas geschmeidiger wird.

Das Frosting in einen Spritzbeutel mit großer Sterntülle füllen und mittig auf jeden Cupcake einen Frosting-Tuff mit einer kleinen Mulde spritzen.

Die Mulde im Tuff mit etwas Apfelkompott füllen und mit Toffee-Sauce beträufeln.

Jeden Cupcake mit einer großen perlmutt-rosafarbenen Schokoperle, weinroten Zuckerperlen und metallic-rosafarbenen Zuckerperlen garnieren.

Möglichst direkt servieren oder 30 Min. kühl stellen, bis die Buttercreme etwas fest geworden ist, und erst dann transportieren. Vor dem Genießen Zimmertemperatur annehmen lassen. Die Metallic-Perlen können schmelzen, wenn sie feucht werden, darum sollten sie erst direkt vor dem Verzehr aufgebracht werden.

Brombeer-Streusel-Cupcakes

FÜR 24 CUPCAKES

Für die Brombeer-Konfitüren-Füllung

200 g frische Brombeeren
1 Spritzer Zitronensaft
140 g Zucker
¼ TL Pektin

Für die Brombeer-Baiser-Buttercreme

1 Cupcake-Portion Baiser-Buttercreme (s. S. 176)
250 g Brombeerpüree (aus 500 g frischen Brombeeren, s. S. 179), kalt

Für das Haferflocken-Granola

100 g Haferflocken
1½ TL Honig
5 EL Sonnenblumenöl
¼ TL Salz

Für den Vanille-Zuckersirup

100 g Zucker
100 ml Wasser
1 TL Vanilleextrakt

Für die Brombeer-Cupcakes

110 g Butter
1 Prise Salz
240 g Zucker
145 g brauner Zucker
3 Eier
270 g Mehl
240 ml Buttermilch
1 TL Weißweinessig
1 TL Natron
48 frische Brombeeren

Für die Dekoration

24 frische Brombeeren
24 frische Zitronenmelissenblätter

Utensilien (s. S. 164, Grundausstattung, und S. 182, Bezugsquellen)

2 Muffinbleche mit je 12 Mulden
24 rosafarbene Papierförmchen
großer Spritzbeutel
großer Spritzbeutel mit großer Sterntülle

HERSTELLEN DER BROMBEER-KONFITÜREN-FÜLLUNG

Brombeeren und Zitronensaft in einem Topf kochen, bis die Früchte weich und musig sind. Die Mischung auf 50 °C abkühlen lassen.

In einer kleinen Schüssel 20 g Zucker gründlich mit dem Pektin vermischen, beides zum Püree geben und das Püree aufkochen lassen. Nehmen Sie nun ein Zuckerthermometer zu Hilfe.

Den restlichen Zucker unter Rühren hinzufügen und kochen, bis 103 °C erreicht sind.

Die Masse in eine hitzebeständige Schüssel umfüllen und mit Frischhaltefolie abdecken. Abkühlen lassen und bis zum Füllen der Cupcakes kühl stellen.

HERSTELLEN DER BROMBEER-BAISER-BUTTERCREME

Die Hälfte des gekühlten Brombeerpürees nach und nach unter die Baiser-Buttercreme rühren. (Die andere Hälfte für die Cupcakes aufbewahren.) Püree und Buttercreme sollten zimmerwarm sein, damit sich die Masse nicht trennt.

HERSTELLEN DES HAFERFLOCKEN-GRANOLAS

Den Backofen auf 175 °C (Umluft) vorheizen und ein Backblech mit Backpapier auslegen.

Die Haferflocken mit dem Honig, dem Sonnenblumenöl und dem Salz vermischen und gleichmäßig auf dem vorbereiteten Backblech verteilen.

Im vorgeheizten Ofen 10 Min. goldbraun rösten.

Abkühlen lassen und bis zur weiteren Verwendung in Frischhaltefolie wickeln.

HERSTELLEN DES VANILLE-ZUCKERSIRUPS

Zucker, Wasser und Vanilleextrakt in einem kleinen Topf aufkochen und köcheln lassen, bis sich der Zucker aufgelöst hat. Den Topf vom Herd nehmen und den Sirup abkühlen lassen.

BACKEN DER BROMBEER-CUPCAKES

Den Backofen auf 175 °C (Umluft) vorheizen und Papierförmchen in die Mulden der Muffinbleche setzen.

Butter, Salz, Zucker und braunen Zucker in der Schüssel der Küchenmaschine auf mittlerer bis hoher Stufe blass und schaumig rühren. Das braucht etwas Zeit, deshalb diesen Schritt zuerst ausführen, sodass ausreichend Luft in die Masse kommt.

In einer zweiten Schüssel die Eier aufschlagen und unter ständigem Rühren auf niedriger Stufe nach und nach zur Buttermischung geben. Falls sich der Teig trennt, eine Handvoll Mehl unterrühren, damit sich alles wieder schön bindet.

Mehl und Zimt in einer Schüssel vermischen.

Geben Sie nun abwechselnd Mehl und Buttermilch portionsweise zum Teig und verrühren Sie alles gut.

Essig und Natron in einer kleinen Schüssel verquirlen und sofort, wenn es aufsprudelt, in den Teig einrühren.

Den Teig in einen großen Spritzbeutel füllen und von der Spitze 2,5 cm abschneiden. Den Teig so in die Papierförmchen spritzen, dass diese zu je zwei Dritteln gefüllt sind.

In jeden Cupcake zwei Brombeeren drücken.

Im vorgeheizten Ofen etwa 15 Min. backen. Die Cupcakes sind fertig, wenn sie goldgelb sind, die Oberseiten bei leichtem Druck nachgeben und sich die Ränder der Förmchen vom Blech lösen.

Aus dem Ofen nehmen und die Cupcakes in den Blechen einige Minuten abkühlen lassen.

Die Oberseiten der Cupcakes mit dem Vanille-Zuckersirup bestreichen, solange sie noch warm. So kann das Biskuit die Feuchtigkeit aufnehmen und es bildet sich keine trockene Kruste.

Die Cupcakes auf einem Kuchengitter vollständig auskühlen lassen (nicht im Blech belassen, sonst kleben die Papierförmchen am Boden fest). Die Unterseiten mit einem feuchten Tuch abwischen, falls sie vom Sirup klebrig sind.

Die erkalteten Cupcakes für 30 Min. in den Kühlschrank stellen, damit das Biskuit fester wird.

FÜLLEN UND DEKORIEREN DER CUPCAKES

Aus der Mitte jedes Cupcakes mit dem Melonenausstecher eine kleine Mulde ausstechen.

Mit einem Teelöffel die Brombeerkonfitüre hineingeben.

Die Brombeer-Baiser-Buttercreme in einen Spritzbeutel mit großer Sterntülle füllen. Auf jeden Cupcake eine große Rosette aus Buttercreme spritzen.

Jeden Cupcake mit einer frischen Brombeere, 1 TL Brombeerpüree, etwas Granola und einem Zitronenmelissenblatt garnieren.

Möglichst direkt servieren oder 30 Min. kühl stellen, bis die Buttercreme etwas fest geworden ist, und erst dann transportieren. Vor dem Genießen Zimmertemperatur annehmen lassen.

Salzkaramell-Popcorn-Cupcakes

FÜR 24 CUPCAKES

Für den Salzkaramell

100 ml Wasser
300 g Zucker
25 g flüssige Glukose
200 g Sahne
90 g Butter, gewürfelt
¾ TL Meersalz

Für das Karamell-Frischkäse-Frosting

250 g Butter, weich
525 g Puderzucker, gesiebt
250 g Doppelrahmfrischkäse (möglichst Philadelphia)

Für das Salzkaramell-Popcorn

25 g Popcornmais
1 EL Pflanzenöl
2 TL Meersalz
150 g Zucker

Für den Vanille-Zuckersirup

75 g Zucker
75 ml Wasser
1 TL Vanilleextrakt

Für die Karamell-Cupcakes

110 g Butter
240 g Zucker
145 g brauner Zucker
3 Eier
270 g Mehl
240 ml Buttermilch
1 TL Weißweinessig
1 TL Natron

Utensilien (s. S. 164, Grundausstattung, und S. 182, Bezugsquellen)

2 Muffinbleche mit je 12 Mulden
24 metallic-goldene Papierförmchen
großer Spritzbeutel
großer Spritzbeutel mit großer Sterntülle

HERSTELLEN DES SALZKARAMELLS

Wasser, Zucker und Glukose in einem hohen Topf bei mittlerer Temperatur unter ständigem Rühren kochen, bis sich der Zucker aufgelöst hat und die Masse bernsteinfarben ist.

Sobald der Zucker karamellisiert ist, die Sahne langsam unter Rühren in den Karamell gießen. Vorsicht: Der Karamell wird dabei sprudelnd aufkochen!

Wenn Sahne und Karamell sich gut verbunden haben, die Butter hinzufügen und weitere 2–3 Min. rühren, bis die Butter vollständig geschmolzen ist.

Die Mischung 1 Min. lang aufkochen, dann den Topf vom Herd nehmen und das Meersalz einrühren.

Die Sauce in eine Schüssel umfüllen, mit Frischhaltefolie abdecken und vollständig auskühlen lassen.

HERSTELLEN DES KARAMELL-FRISCHKÄSE-FROSTING

Das Frosting im Voraus zubereiten, damit es genug Zeit zum Kühlen hat.

Butter und Puderzucker blass und schaumig rühren. Den Frischkäse mit einem Teigspatel glattrühren, dann portionsweise zur Buttermischung hinzugeben.

Mit 150 g abgekühltem Salzkaramell glatt verrühren. Den restlichen Karamell beiseitestellen. Das Frosting mit Frischhaltefolie abdecken und bis zur weiteren Verwendung kühl stellen.

HERSTELLEN DES SALZKARAMELL-POPCORNS

Das Öl zusammen mit einigen Maiskörner in einem Topf bei mittlerer Temperatur erhitzen.

Die restlichen Maiskörner separat mit wenig Öl vermischen.

Wenn die Maiskörner im Topf aufpoppen, die restlichen Maiskörner hinzufügen und einen Deckel auflegen. Den Topf weiter erhitzen, dabei regelmäßig schütteln, damit die Maiskörner nicht zu heiß werden. Wenn alle Maiskörner aufgepoppt sind, diese in eine Schüssel umfüllen (dabei evtl. nicht aufgepoppte Maiskörner entfernen) und abkühlen lassen.

Das Popcorn gut mit dem Meersalz vermischen.

Den Zucker in einem Topf erhitzen, bis er anfängt zu schmelzen. Unter Rühren weitererhitzen, bis der geschmolzene Zucker bernsteinfarben wird, dann den Herd ausschalten.

Den warmen Karamell über das Popcorn gießen und mit dem Teigspatel untermischen, bis das Popcorn vollständig davon überzogen ist. Das Popcorn auf einem Backpapier ausbreiten und abkühlen lassen.

Das Popcorn kleinbrechen und bis zur Verwendung luftdicht verschlossen aufbewahren.

HERSTELLEN DES VANILLE-ZUCKERSIRUPS

Zucker, Wasser und Vanilleextrakt in einem kleinen Topf aufkochen und köcheln lassen, bis sich der Zucker aufgelöst hat. Abkühlen lassen.

BACKEN DER KARAMELL-CUPCAKES

Den Ofen auf 175 °C (Umluft) vorheizen und Förmchen in die Mulden der Muffinbleche setzen.

Butter, Salz, Zucker und braunen Zucker in der Schüssel der Küchenmaschine blass und schaumig rühren. Das braucht etwas Zeit.

In einer zweiten Schüssel die Eier aufschlagen und dann unter ständigem Rühren auf niedriger Stufe nach und nach zur Buttermischung geben. Falls sich der Teig trennt, eine Handvoll Mehl unterrühren.

Nun abwechselnd Mehl und Buttermilch portionsweise unter den Teig mischen und alles gut verrühren.

Essig und Natron in einer kleinen Schüssel verquirlen und sofort, wenn es aufsprudelt, in den Teig einrühren.

Den Teig in einen großen Spritzbeutel füllen und von der Spitze 2,5 cm abschneiden. Den Teig so in die Papierförmchen spritzen, dass diese zu je zwei Dritteln gefüllt sind. Dabei in der Mitte beginnen und spiralförmig bis zum Förmchenrand spritzen. In der Mitte eine kleine Mulde lassen.

Im vorgeheizten Ofen etwa 15 Min. backen. Die Cupcakes sind fertig, wenn sie goldgelb sind und sich die Ränder der Förmchen vom Blech lösen.

Aus dem Ofen nehmen und in den Blechen einige Minuten abkühlen lassen.

Die Oberseiten der Cupcakes mit dem Vanille-Zuckersirup bestreichen, solange sie noch warm sind.

Die Cupcakes auf einem Kuchengitter vollständig auskühlen lassen (nicht im Blech belassen, sonst kleben die Papierförmchen am Boden fest). Die Unterseiten mit einem feuchten Tuch abwischen, falls sie vom Sirup klebrig sind.

30 Min. kühl stellen, damit das Biskuit fester wird.

FÜLLEN UND DEKORIEREN DER CUPCAKES

Aus der Mitte jedes Cupcakes mit dem Melonenausstecher eine kleine Mulde ausstechen. Mit einem Teelöffel 1 TL Salzkaramell hineingeben.

Das Frischkäse-Frosting aus dem Kühlschrank nehmen und mit dem Teigspatel einmal umrühren.

Das Frosting in einen Spritzbeutel mit großer Sterntülle füllen und auf jeden Cupcake eine Rosette aus Karamell-Frischkäse-Frosting spritzen.

Falls nötig, den Karamell noch einmal erwärmen, damit er flüssig wird (dabei aber nicht zu heiß werden lassen), und über das Frosting träufeln. Mit Popcorn garnieren.

Möglichst direkt servieren oder 30 Min. kühl stellen, bis die Buttercreme etwas fest geworden ist, und erst dann transportieren. Vor dem Genießen Zimmertemperatur annehmen lassen.

Brombeer-Birnen-Torte

Ich lasse mich gern von der Speisekammer der Natur inspirieren und liebe daher diesen köstlichen herbstlichen Birnen-Brombeer-Biskuit, der mit cremiger Brombeer-Baiser-Buttercreme gefüllt und mit frischen Brombeeren garniert wird. Es ist immer eine echte Wohltat, einen belebenden Herbstspaziergang damit abzuschließen.

FÜR 1 TORTE, Ø 15 CM (FÜR 10 PERS.)

Für den Vanille-Zuckersirup

75 g Zucker
75 ml Wasser
½ TL Vanilleextrakt

Für das Birnen-Brombeer-Biskuit

65 g Butter
65 g gesalzene Butter
330 g Zucker
1 TL Vanilleextrakt
1 Ei
300 g Mehl, gesiebt
300 ml Buttermilch
1½ TL Natron
1½ TL Weißweinessig
100 g frische oder TK-Brombeeren
1 Birne, geschält, entkernt, gewürfelt

Für die Brombeer-Baiser-Buttercreme

80 g Brombeerpüree (aus 160 g frischen Brombeeren, s. S. 179), kalt
1 Schichttorten-Portion Baiser-Buttercreme (s. S. 176)
Lebensmittelfarbpaste in Magenta

Für die Dekoration

1 EL gefriergetrocknete Brombeeren
10 frische Brombeeren

Utensilien (s. S. 164, Grundausstattung, und S. 182, Bezugsquellen)

3 flache Backformen, Ø 15 cm
Tortenunterlage, Ø 15 cm
Spritzbeutel mit schmaler Sterntülle

HERSTELLEN DES VANILLE-ZUCKERSIRUPS

Zucker, Wasser und Vanilleextrakt in einem kleinen Topf aufkochen und köcheln lassen, bis sich der Zucker aufgelöst hat. Den Topf vom Herd nehmen und den Sirup abkühlen lassen.

BACKEN DER BISKUITBÖDEN

Den Backofen auf 175 °C (Umluft) vorheizen. Die drei Backformen mit Öl einsprühen und mit Backpapier auslegen.

Butter, gesalzene Butter, Zucker und Vanilleextrakt in der Schüssel der Küchenmaschine blass und schaumig rühren. Das braucht etwas Zeit, deshalb diesen Schritt zuerst ausführen, sodass ausreichend Luft in die Masse kommt.

In einer zweiten Schüssel die Eier leicht verquirlen und nach und nach unter Rühren auf mittlerer Stufe zur Buttermischung gießen. Es sollte sich alles gut verbinden; eventuell kurz warten, dann mehr hinzugeben und einrühren. Eier und Butter zimmerwarm sein, damit sich der Teig nicht trennt. Sollte das passieren, 1 EL Mehl unterrühren, um den Teig zu binden, und erst dann weitere Eier hinzufügen.

Nun abwechselnd Mehl und Buttermilch portionsweise unter den Teig mischen und alles gut verrühren.

Essig und Natron in einer kleinen Schüssel verquirlen und sofort, wenn es aufsprudelt, in den Teig einrühren.

Den Teig gleichmäßig auf die Backformen verteilen. Mit TK-Brombeeren und Birnenwürfeln bestreuen.

Im vorgeheizten Ofen 20–30 Min. backen. Das Biskuit ist fertig, wenn die Oberseite bei leichtem Druck zurückspringt und sich die Ränder von der Form lösen.

Die Biskuitböden 10 Min. in den Formen abkühlen lassen und die Oberseiten mit dem Vanille-Zuckersirup bestreichen. So bildet sich auf den Böden keine harte Kruste und die Wärme sorgt dafür, dass Feuchtigkeit und Aromen gleichmäßig aufgenommen werden. Den restlichen Sirup zum Zusammensetzen der Torte beiseitestellen.

Die abgekühlten Biskuitböden vorsichtig aus den Backformen heben. Dabei die Ränder nicht beschädigen und eventuell ein kleines Küchenmesser zu Hilfe nehmen. Die Biskuitböden auf einem Kuchengitter vollständig auskühlen lassen.

HERSTELLEN DER BROMBEER-BAISER-BUTTERCREME

Heben Sie das Brombeerpüree in drei Portionen nach und nach unter die Baiser-Buttercreme und verrühren Sie alles gut. Püree und Buttercreme sollten zimmerwarm sein, damit sich die Masse nicht trennt.

ZUSAMMENSETZEN UND DEKORIEREN DER TORTE

Die Biskuitböden mit der Brombeer-Baiser-Buttercreme zusammensetzen und die Krümelschicht aufbringen (s. S. 172). Das Bestreichen der Böden mit Zuckersirup dabei auslassen.

Ein Drittel der restlichen Brombeer-Baiser-Buttercreme in eine Schüssel füllen. Vermischen Sie mit einem Palettenmesser 1 EL davon mit etwas magentafarbene Lebensmittelfarbe, bis sich alle Farbsprenkel aufgelöst haben. Die Buttercreme soll intensiv purpurfarben werden.

Solange die gefärbte Brombeer-Baiser-Buttercreme in kleinen Portionen wieder zur restlichen beiseitegestellten Brombeer-Baiser-Buttercreme geben und gut vermischen, bis ein dunkler Purpurton erreicht ist.

Eventuell mit wenig Lebensmittelfarbe auch noch die restliche, blass purpurfarben gebliebene Brombeer-Buttercreme etwas einfärben, damit sie nicht zu unscheinbar ist.

Wenn die Krümelschicht fest ist, die Torte wieder auf den Drehteller setzen und die Oberseite mit einem Palettenmesser gleichmäßig mit blasser Buttercreme überziehen.

Am unteren Drittel der Tortenseiten einen Ring aus dunkel-purpurfarbener Buttercreme auftragen. Dafür die Buttercreme entweder mit einem Palettenmesser rundum verstreichen oder, falls das einfacher erscheint, in einen Spritzbeutel geben und den Ring aufspritzen.

Die oberen zwei Drittel der Seiten mit der blassen Brombeer-Buttercreme überziehen. Die restliche blasse Brombeer-Buttercreme bei Zimmertemperatur aufbewahren, um später die Rosetten damit aufzuspritzen.

Mit dem Seitenglätter die Buttercreme glatt verstreichen. Sollte es beim ersten Mal nicht perfekt werden, den Seitenglätter säubern und mehrmals um die Torte herumziehen, bis die Seiten ganz glatt sind.

Überschüssige Buttercreme auf der Oberseite der Torte mit Palettenmesser oder Seitenglätter vom Rand zur Mitte hin verstreichen. Die Torte auf eine Tortenunterlage setzen und 1 Std. kühl stellen.

Die gefriergetrockneten Brombeeren zerkleinern und über die Tortenmitte sieben.

Die restliche blasse Buttercreme in einen Spritzbeutel mit schmaler Sterntülle füllen.

In gleichmäßigem Abstand 10 gleichgroße Rosetten auf die Oberseite der Torte aufspritzen und jede mit einer Brombeere garnieren.

Pinke Kürbis-Cookies

Die kleinen Geister, die zu Halloween „Süßes oder Saures" fordern, werden begeistert sein! Diese Cookies lassen sich gut mit Kindern backen. Der Vanille-Cookie wird mit pinkfarbener Zuckerpaste glasiert und mit Kürbisgesichtern verziert. Mit einer Schablone gelingt diese einfache und zugleich beeindruckende Dekoration perfekt.

FÜR 12 COOKIES

Für die Cookies

1 Portion Zucker-Cookie-Teig (s. S. 165), mit 1 TL Vanilleextrakt aromatisiert
Mehl zum Bestäuben

Für die Dekoration

1 Portion Halb-und-Halb-Paste (s. S. 166)
Lebensmittelfarbpaste in Fuchsia, Schwarz (s. S. 182)
Pflanzenfett, weiß
150 g Royal Icing (s. S. 167)
Puderzucker oder Speisestärke zum Bestäuben
essbares Perlmutt-Glanzspray (s. S. 182)

Utensilien (s. S. 164, Grundausstattung, und S. 182, Bezugsquellen)

großer Kürbis-Cookie-Ausstecher (ca. 12 cm breit)
Dresden & Veining Tool
Kürbisgesicht-Schablone

BACKEN DER COOKIES

Den Backofen auf 175 °C (Umluft) vorheizen und zwei Backbleche mit Backpapier auslegen.

Den gekühlten Cookie-Teig kurz durchkneten, damit er geschmeidiger wird.

Den Teig auf einer bemehlten Arbeitsfläche 5 mm dick ausrollen.

Mit dem Kürbis-Cookie-Ausstecher 12 Cookies ausstechen und im Abstand von jeweils 1 cm auf die vorbereiteten Backbleche legen. Das Backpapier sollte ganz glatt liegen und an den Rändern beschwert werden, da die Cookies bei Umluft gebacken werden und sie sonst vom Blech abgehoben werden könnten. Die Cookies auf den Backblechen 10 Min. kühl stellen.

Im vorgeheizten Ofen 8–12 Min. backen, dabei die Backbleche einmal drehen, damit die Cookies gleichmäßig backen. Sie sollten schön goldbraun aus dem Ofen kommen und bei leichtem Druck noch etwas zurückspringen. Die Cookies auf den Blechen abkühlen lassen.

DEKORIEREN DER COOKIES

Die Halb-und-Halb-Paste mit der fuchsiafarbenen Lebensmittelfarbe kräftig pink einfärben (s. S. 166). In Frischhaltefolie wickeln und 10 Min. ruhen lassen, damit die Paste ein wenig aushärtet.

Färben Sie dann 120 g Royal Icing mit wenig schwarzer Lebensmittelfarbe tiefschwarz ein. Einen Tropfen Wasser hinzufügen und zu einer cremigen Konsistenz verrühren (s. S. 167). Das Royal Icing bis zur weiteren Verwendung mit einem feuchten Tuch abdecken.

Eine ebene Arbeitsfläche oder ein Kunststoffbrett mit Speisestärke bestäuben. Einen Teigroller dünn mit Pflanzenfett bestreichen und die pinkfarbene Halb-und-Halb-Paste 1 mm dick ausrollen.

Mit dem Kürbis-Cookie-Ausstecher 12 Kürbisse ausstechen und mit dem Dresden & Veining Tool feine Linien hineinziehen, die wie Einkerbungen aussehen. Das Werkzeug dafür von der Unterseite des Kürbisses aus zur Mitte nach oben hin ziehen und von der Oberseite aus zur Mitte nach unten hin; im Verlauf langsam anheben und die Linien dünn auslaufen lassen.

Die Kürbisgesicht-Schablone auf die Pasten-Kürbisse legen. Das tiefschwarze Royal Icing mit einem Mini-Palettenmesser über Augen und Mund in der Schablone dünn verstreichen. Überschüssige Glasur abnhmen. Die Schablone vorsichtig abheben und mit einem feuchten Tuch säubern.

Die Kürbisse dünn mit essbarem Perlmutt-Glanzspray besprühen, sodass sie hübsch glänzen.

Das restliche weiße Royal Icing mit Wasser zu einem Zuckerkleber verrühren. Die Oberseiten der Cookie-Kürbisse dünn damit einpinseln. Je einen pinkfarbenen Pasten-Kürbis auflegen, die Ränder vorsichtig andrücken, solange die Paste noch formbar ist, und vollständig aushärten lassen.

Happy Halloween!
Open

Black-Velvet-Cupcakes

Boo! Diese herzigen Cupcakes jagen ihren Betrachtern einen süßen Schauder über den Rücken. Ein reizender Zuckergeist schaut aus einem Black-Velvet-Biskuit mit pinkfarbenem Vanille-Frischkäse-Frosting, Baiser-Küssen und Zuckerdekor hervor. Für alle, die gern mit Zuckerpaste arbeiten, habe ich eine Schritt-für-Schritt-Anleitung für die Zuckergeister hinzugefügt. Allerdings können Sie auch fertige Figuren erwerben, wenn Sie diesen Teil des Rezepts überspringen möchten.

FÜR 24 CUPCAKES

Für die Zuckergeister

150 g Zuckerblütenpaste, weiß
Puderzucker oder Speisestärke zum Bestäuben
Pflanzenfett, weiß
Lebensmittelstift in Schwarz (s. S. 182)
essbares Perlmutt-Glanzspray (s. S. 182)

Für das pinkfarbene Vanille-Frischkäse-Frosting

1 Portion Frischkäse-Frosting (s. S. 177)
1 TL Vanilleextrakt
Lebensmittelfarbpaste in Fuchsia (s. S. 182)

Für die Baiser-Küsse

1 Portion Baiser-Küsse (s. S. 180; dieser Anleitung folgen, bis das Aroma hinzugefügt wird)
1 TL Vanilleextrakt
Lebensmittelfarbpaste in Fuchsia

Für den Vanille-Zuckersirup

150 g Zucker
150 ml Wasser
1 TL Vanilleextrakt

Für die Black-Velvet-Cupcakes

130 g gesalzene Butter, weich
330 g Zucker
1 TL Vanilleextrakt
2 Eier, Gr. L, zimmerwarm
2 EL Aktivkohle
300 ml Buttermilch
280 g Mehl, gesiebt
25 g Kakaopulver
1½ TL Weißweinessig
1½ TL Natron

Für die Dekorationen

silberne Zuckersterne (s. S. 182)
silberne Zuckerstäbchen (s. S. 182)
rosafarbene Glitzer-Zucker-Vermicelli (s. S. 182)
rosafarbene und silberne Mini-Zuckerperlen (s. S. 182)

Utensilien (s. S. 164, Grundausstattung, und S. 182, Bezugsquellen)

Mini-Geister-Ausstecher
großer Spritzbeutel mit 1 cm großer Lochtülle
großer Spritzbeutel
2 Muffinbleche mit je 12 Mulden
24 metallic-pinkfarbene Papierförmchen
2 große Spritzbeutel mit jeweils großer Sterntülle

HERSTELLEN DER ZUCKERGEISTER

Die Zuckerblütenpaste mit wenig Pflanzenfett vermischen, bis sie geschmeidig und formbar ist. Trockene oder krümelige Stellen vor dem Kneten mit einem Messer entfernen, damit sie nicht mit der Paste vermischt werden, das würde die ganze Portion ruinieren.

Eine ebene Arbeitsfläche oder ein Kunststoffbrett mit Speisestärke bestäuben. Einen kleinen Teigroller dünn mit Pflanzenfett bestreichen und die Paste 1 mm dick ausrollen.

Mit dem Mini-Geister-Ausstecher mindestens 24 Geister ausstechen, besser ein paar mehr, falls welche zu Bruch gehen. Zum Trocknen auf eine ebene, mit Puderzucker oder Speisestärke bestäubte Arbeitsfläche legen. Die Formen sollten mindestens 4 Std., noch besser über Nacht, trocknen.

Sobald die Geister trocken sind, mit dem schwarzen Lebensmittelstift kleine Gesichter aufzeichnen. Die Gesichter nach Belieben variieren.

Wenn die Farbe getrocknet ist, die Geister mit essbarem Perlmutt-Glanzspray besprühen.

HERSTELLEN DER BAISER-KÜSSE

Den Backofen auf 80 °C vorheizen und zwei Backbleche mit Backpapier auslegen.

Einen Tropfen Vanilleextrakt zur Baiser-Masse geben.

Zwei Drittel der Masse in einen Spritzbeutel mit großer Sterntülle füllen – das werden weiße Baisers.

Nun mit einem Palettenmesser 1 EL der restlichen Masse mit einem Tropfen fuchsiafarbener Lebensmittelfarbe vermischen, bis sich alle Farbsprenkel aufgelöst haben, und so dunkelrosa einfärben. Dann die gefärbte Masse in kleinen Portionen wieder zur restlichen weißen Masse geben, bis ein gleichmäßiges Rosa erreicht ist.

Geben Sie das rosafarbene Baiser in einen Spritzbeutel mit 1 cm großer Lochtülle und spritzen Sie 30 runde Baiser-Küsse auf das vorbereitete Backblech; die Unterseiten sollten etwa 1,5 cm breit sein.

Mit dem Spitzbeutel mit dem weißen Baiser etwa 30 größere Baiser-Küsse aufspritzen; die Unterseiten sollten knapp 2 cm breit sein.

Die Baiser-Küsse 1 Std. backen, bis Sie sie sauber vom Backpapier abheben können. Abkühlen lassen.

HERSTELLEN DES PINKFARBENEN VANILLE-FRISCHKÄSE-FROSTING

Das Frosting im Voraus zubereiten, damit es genug Zeit zum Kühlen hat. Das fertige Frosting mit dem Vanilleextrakt gründlich mischen.

Nun mit einem Palettenmesser 1 EL Frosting mit einem Tropfen fuchsiafarbener Lebensmittelfarbe vermischen, bis sich alle Farbsprenkel aufgelöst haben, und so dunkelrosa einfärben. Dann das gefärbte Frosting in kleinen Portionen wieder zur restlichen weißen Masse geben, bis ein gleichmäßiges Rosa erreicht ist.

Die Schüssel mit einem Deckel oder mit Frischhaltefolie abdecken und bis zur weiteren Verwendung kühl stellen.

HERSTELLEN DES VANILLE-ZUCKERSIRUPS

Zucker, Wasser und Vanilleextrakt in einem kleinen Topf aufkochen und köcheln lassen, bis sich der Zucker aufgelöst hat. Den Topf vom Herd nehmen und den Sirup abkühlen lassen.

BACKEN DER BLACK-VELVET-CUPCAKES

Den Backofen auf 175 °C (Umluft) vorheizen und Papierförmchen in die Mulden der Muffinbleche setzen.

Butter, Zucker und Vanilleextrakt in der Schüssel der Küchenmaschine blass und schaumig rühren. Das braucht etwas Zeit, deshalb diesen Schritt zuerst ausführen, sodass ausreichend Luft in die Masse kommt.

In einer zweiten Schüssel die Eier aufschlagen und dann unter ständigem Rühren auf niedriger Stufe nach und nach zur Buttermischung geben. Falls sich der Teig trennt, eine Handvoll Mehl unterrühren, damit sich alles wieder schön bindet.

In einer dritten Schüssel Aktivkohle und Buttermilch verquirlen.

Das Mehl mit dem Kakaopulver in einer vierten Schüssel mischen.

Nun abwechselnd Mehl und Buttermilch portionsweise unter den Teig mischen und alles gut verrühren.

Essig und Natron in einer kleinen Schüssel verquirlen und sofort, wenn es aufsprudelt, in den Teig einrühren.

Den Teig in einen großen Spritzbeutel füllen und die Spitze unten 2,5 cm abschneiden. Den Teig so in die Papierförmchen spritzen, dass diese zu je zwei Dritteln gefüllt sind. Dabei in der Mitte beginnen und spiralförmig bis zum Förmchenrand spritzen. In der Mitte eine kleine Mulde lassen; so gehen die Cupcakes beim Backen gleichmäßig auf.

Im vorgeheizten Ofen etwa 15 Min. backen. Die Cupcakes sind fertig, wenn die Oberseiten bei leichtem Druck nachgeben und sich die Ränder der Förmchen vom Blech lösen.

Aus dem Ofen nehmen und in den Blechen einige Minuten abkühlen lassen.

Die Oberseiten der Cupcakes mit dem Vanille-Zuckersirup bestreichen, solange sie noch warm sind. So kann das Biskuit die Feuchtigkeit aufnehmen und es bildet sich keine trockene Kruste.

Die Cupcakes auf einem Kuchengitter vollständig auskühlen lassen (nicht im Blech belassen, sonst kleben die Papierförmchen am Boden fest). Die Unterseiten mit einem feuchten Tuch abwischen, falls sie vom Sirup klebrig sind.

FÜLLEN UND DEKORIEREN DER CUPCAKES

Nehme Sie das Frischkäse-Frosting aus dem Kühlschrank und rühren Sie es mit dem Teigspatel einmal um, damit es etwas geschmeidiger wird.

In einen Spritzbeutel mit großer Sterntülle füllen und auf jeden Cupcake eine Rosette spritzen.

Je einen Zuckergeist, einige Baiser-Küsse, Zuckersterne, Zuckerstäbchen, Glitzer-Zucker-Vermicelli und Mini-Zuckerperlen daraufsetzen.

Möglichst direkt servieren oder 30 Min. kühl stellen, bis die Buttercreme etwas fest geworden ist, und erst dann transportieren. Vor dem Genießen Zimmertemperatur annehmen lassen. Die Zuckergeister und Baisers können schmelzen, wenn sie feucht werden, darum sollten sie erst direkt vor dem Verzehr aufgesetzt werden.

BOO

Sweet Shivers

BLACK-VELVET-TORTE

Als allerbeste Gastgeberin beeindrucken Sie Ihre Gäste mit diesem faszinierenden Schichttorten-Design. Man beißt in ein weißes Marshmallow-Spinnennetz und pinkfarbene Buttercreme, köstliche Schichten eines Black-Velvet-Biskuits und ein pinkfarbenes Vanille-Frischkäse-Frosting. Freche Geister, Baiser-Küsse und Streudekor machen die Halloweenparty-Torte komplett. Für ein perfektes Halloween-Arrangement in Pink gesellen sich auch noch die Black-Velvet-Cupcakes (S. 120) und die Kürbisse-Cookies (S. 116) hinzu.

FÜR 1 TORTE, Ø 15 CM (FÜR 10 PERS.)

Für die Zuckergeister

120 g Zuckerblütenpaste, weiß
Pflanzenfett, weiß
Lebensmittelfarbpaste in Fuchsia (s. S. 182)
Puderzucker oder Speisestärke zum Bestäuben
Lebensmittelstift in Schwarz (s. S. 182)
essbare blassrosafarbene Puderfarbe (s. S. 182)
essbares Perlmutt-Glanzspray (s. S. 182)

Für die Baiser-Küsse

1 Portion Baiser-Küsse (s. S. 180; dieser Anleitung folgen, bis das Aroma hinzugefügt wird)
1 TL Vanilleextrakt
Lebensmittelfarbpaste in Fuchsia

Für den Vanille-Zuckersirup

75 g Zucker
75 ml Wasser
½ TL Vanilleextrakt

Für das Black-Velvet-Biskuit

105 g gesalzene Butter
265 g Zucker
1 TL Vanilleextrakt
2 Eier
1½ EL Aktivkohle
240 ml Buttermilch
225 g Mehl, gesiebt
20 g Kakaopulver
1 TL Weißweinessig
1TL Natron

Für die Vanille-Frischkäse-Füllung

100 g Doppelrahmfrischkäse (möglichst Philadelphia)
100 g Butter, weich
200 g Puderzucker, gesiebt
½ TL Vanilleextrakt
Lebensmittelfarbpaste in Fuchsia

Für die Vanille-Baiser-Buttercreme

45 ml Wasser
190 g Zucker
105 g Eiweiß (von ca. 5 Eiern)
240 g Butter, gewürfelt, weich
½ TL Vanilleextrakt
Lebensmittelfarbpaste in Fuchsia

Für die Dekorationen

300 g Marshmallows
silberne Zuckersterne (s. S. 182)
silberne Zuckerstäbchen (s. S. 182)
rosafarbene Glitzer-Zucker-Vermicelli (s. S. 182)
rosafarbene und silberne Mini-Zuckerperlen (s. S. 182)
Mini-Marshmallows

Utensilien (s. S. 164, Grundausstattung, und S. 182, Bezugsquellen)

„BOO"-Prägestempel
Geister-Cookie-Ausstecher-Set
großer Spritzbeutel mit 1 cm großer Lochtülle
großer Spritzbeutel mit Sterntülle
3 flache Backformen, Ø 15 cm
dünne Tortenunterlage, Ø 15 cm
Gummihandschuhe

HERSTELLEN DER ZUCKERGEISTER

Die Zuckerblütenpaste mit wenig Pflanzenfett vermischen, bis sie geschmeidig und formbar ist. Trockene oder krümelige Stellen vor dem Kneten mit einem Messer entfernen, damit sie nicht mit der Paste vermischt werden und sie ruinieren.

Nun ein Drittel der Paste mit wenig fuchsiafarbener Lebensmittelfarbe mittelrosa einfärben und in Frischhaltefolie wickeln.

Eine ebene Arbeitsfläche oder ein Kunststoffbrett mit Speisestärke bestäuben. Einen kleinen Teigroller dünn mit Pflanzenfett bestreichen und die weiße Paste 1 mm dick ausrollen.

Für den großen weißen Geist den Schriftzug BOO in die Mitte der Paste einprägen.

Den großen Geist-Ausstecher auf die Paste drücken, sodass die Buchstaben genau auf der oberen Bauchhälfte liegen, und die Form ausstechen.

Die Paste erneut ausrollen und mit dem kleinen Ausstecher zwei bis drei kleine Geister ausstechen.

Nun rollen Sie die rosafarbene Paste aus und stechen drei weitere kleine Geister daraus aus.

Die Zuckergeister auf eine ebene, mit Puderzucker oder Speisestärke bestäubte Arbeitsfläche geben und vollständig aushärten lassen. Die Formen sollten mindestens 4 Std., noch besser über Nacht, trocknen.

Sobald die Geister trocken sind, mit dem schwarzen Lebensmittelstift kleine Gesichter aufzeichnen. Die Gesichter nach Belieben variieren. Mit einem Künstlerpinsel und der Puderfarbe kleine Wangen in Rosa aufmalen.

Wenn die Farbe getrocknet ist, die Geister mit essbarem Perlmutt-Glanzspray besprühen.

HERSTELLEN DER BAISER-KÜSSE

Den Backofen auf 80 °C vorheizen und zwei Backbleche mit Backpapier auslegen.

Einen Tropfen Vanilleextrakt zur Baiser-Masse geben.

Die Masse in zwei gleichgroße Portionen teilen und eine Portion beiseitestellen – das werden die weißen Baisers.

Nun mit einem Palettenmesser 1 EL der restlichen Masse mit einem Tropfen fuchsiafarbener Lebensmittelfarbe vermischen, bis sich alle Farbsprenkel aufgelöst haben, und so dunkelrosa einfärben. Dann die gefärbte Masse in kleinen Portionen wieder zur restlichen weißen Masse geben, bis ein gleichmäßiges Rosa erreicht ist.

Mit einem großen Spitzbeutel mit 1 cm großer Lochtülle und einem zweiten Spritzbeutel mit Sterntülle viele unterschiedlich große rosafarbene und weiße Baiser-Küsse auf die vorbereiteten Backbleche spritzen. Die Größen der Unterseiten sollten zwischen 8 mm und 2,2 cm variieren. Der Größenunterschied lässt sich durch unterschiedlichen Druck auf den Spritzbeutel erreichen – je länger Sie drücken, desto größer wird der Baiser-Kuss.

Wenn Sie mehr Baiser-Küsse aufgespritzt haben, als zum Dekorieren der Torte benötigt werden, stellen Sie diese später als kleine Süßigkeit bereit, etwa in einem dekorativen Süßigkeitenglas. In einem luftdicht verschließbaren Behälter sind die Küsse bis zu 6 Wochen haltbar und können auch als Dessert verwendet werden.

Die Baisers 1 Std. backen, bis Sie sie sauber vom Backpapier abheben können. Abkühlen lassen.

HERSTELLEN DES VANILLE-ZUCKERSIRUPS

Zucker, Wasser und Vanilleextrakt in einem kleinen Topf aufkochen und köcheln lassen, bis sich der Zucker aufgelöst hat. Den Topf vom Herd nehmen und den Sirup abkühlen lassen.

BACKEN DER BLACK-VELVET-BISKUITBÖDEN

Den Backofen auf 175 °C (Umluft) vorheizen. Die drei Backformen mit Öl einsprühen und mit Backpapier auslegen.

Butter, Zucker und Vanilleextrakt in der Schüssel der Küchenmaschine blass und schaumig rühren. Das braucht etwas Zeit.

In einer zweiten Schüssel die Eier aufschlagen und unter ständigem Rühren auf niedriger Stufe nach und nach zur Buttermischung geben. Falls sich der Teig trennt, eine Handvoll Mehl unterrühren.

In einer dritten Schüssel Aktivkohle und Buttermilch verquirlen.

Das Mehl mit dem Kakaopulver in einer vierten Schüssel mischen.

Nun abwechselnd Mehl und Buttermilch portionsweise unter den Teig mischen und alles gut verrühren.

Essig und Natron in einer kleinen Schüssel verquirlen und sofort, wenn es aufsprudelt, in den Teig einrühren.

Den Teig gleichmäßig auf die Backformen verteilen und zu den Rändern hin verstreichen.

Im vorgeheizten Ofen 20–30 Min. backen. Das Biskuit ist fertig, wenn die Oberseite bei leichtem Druck zurückspringt und sich die Ränder von der Form lösen.

Die Biskuitböden 10–15 Min. in den Formen abkühlen lassen und die Oberseiten mit dem Vanille-Zuckersirup bestreichen. So bildet sich auf den Böden keine harte Kruste und die Wärme sorgt dafür, dass Feuchtigkeit und Aromen gleichmäßig aufgenommen werden. Den restlichen Sirup zum Zusammensetzen der Torte beiseitestellen.

Die abgekühlten Biskuitböden vorsichtig aus den Backformen heben. Dabei die Ränder nicht beschädigen und eventuell ein kleines Küchenmesser zu Hilfe nehmen. Die Biskuitböden auf einem Kuchengitter vollständig auskühlen lassen.

HERSTELLEN DER VANILLE-FRISCHKÄSE-FÜLLUNG

Aus den hier genannten Zutaten das Frischkäse-Frosting zubereiten (s. S. 177).

Den Vanilleextrakt hinzufügen.

Nun mit einem Palettenmesser 1 EL Frosting mit einem Tropfen fuchsiafarbener Lebensmittelfarbe vermischen, bis sich alle Farbsprenkel aufgelöst haben, und so dunkelrosa einfärben.

Dann das gefärbte Frosting in kleinen Portionen wieder zur restlichen weißen Masse geben, bis ein gleichmäßiges Rosa erreicht ist.

Die Schüssel mit einem Deckel oder Frischhaltefolie abdecken und bis zur Verwendung kühl stellen.

HERSTELLEN DER VANILLE-BAISER-BUTTERCREME

Aus den hier genannten Zutaten die Baiser-Buttercreme zubereiten (s. S. 176).

Den Vanilleextrakt unterrühren.

Nun mit einem Palettenmesser 1 EL Buttercreme mit einem Tropfen fuchsiafarbener Lebensmittelfarbe vermischen, bis sich alle Farbsprenkel aufgelöst haben, und so dunkelpink einfärben.

Dann die gefärbte Buttercreme in kleinen Portionen wieder zur weißen Masse geben, bis ein mittlerer Pinkton erreicht ist.

ZUSAMMENSETZEN UND DEKORIEREN DER TORTE

Die Biskuitböden mit dem Vanille-Frischkäse füllen und Dann mit der Baiser-Buttercreme zusammensetzen und die Krümelschicht aufbringen (s. S. 172; etwas Buttercreme für das Aufsetzen der Geister und der Baiser-Küsse aufbewahren). Die Torte kühl stellen, bis sie fest geworden ist.

Die Torte erst kurz vor dem Servieren dekorieren, damit sie möglich wenig Feuchtigkeit ausgesetzt ist. Zum Dekorieren auf eine erhöhte Unterlage setzen, die schmaler ist als die Torte selbst: So können Sie beim Drapieren des Spinnennetzes auch unter die Torte greifen. Dafür bietet sich etwa eine umgedrehte Schüssel an, auf der eine rutschfeste Matte liegt oder ein feuchtes Tuch. Seien Sie auf jeden Fall sehr vorsichtig beim Draufstellen!

Die Marshmallows in einer geeigneten Schüssel in der Mikrowelle in Intervallen von 10 Sek. erwärmen, bis sie geschmolzen sind.

Die Gummihandschuhe anziehen. Eine Handvoll geschmolzene Marshmallows zu feinen Fäden auseinanderziehen und über die Oberseite und die Seiten der Torte legen.

So weiterarbeiten, bis die gesamte Torte mit einem Spinnennetz überzogen ist. Die geschmolzenen Marshmallows werden schnell wieder fest; erwärmen Sie sie zwischendurch nochmals, falls nötig.

Die Baiser-Küsse und die Zuckergeister mit etwas Buttercreme auf der Mitte und an den Seiten der Torte anbringen. Die großen Geister gegen große Baiser-Küsse lehnen, damit sie nicht umfallen.

Die Mini-Marshmallows und die Zuckerdekorationen oben und an den Seiten der Torte verteilen. Eventuell eine Pinzette zu Hilfe nehmen.

Die Torte möglichst sofort servieren.

PERFEKTES LICHT & PERFEKTER DUFT

Wenn Sie sich zu Hause ans Dekorieren machen, sei es für Sie, Ihre Familie oder Ihre Gäste, dann ist das richtige Licht ganz wichtig. Arbeiten Sie bei sanftem Sonnenlicht, um eine stimmige „Inszenierung" zu erhalten. In den dunkleren Monaten sorgen Kerzen und blinkende Lichterketten für eine ausgesprochen magische Atmosphäre.

Um die Sinne anzusprechen und Atmosphäre zu schaffen, bin ich ein treuer Fan von Duftkerzen. Mein Favorit ist die Kerze „White Rose & Lemon Leaves" von Jo Loves, dessen Ladenlokal genau gegenüber von meinem Café in Belgravia liegt. Wir haben einmal eine Cupcake-Verkostung entwickelt, die auf diesen Duft abgestimmt war, und seitdem bin ich Jos Kreationen verfallen. Es ist sehr wichtig, dass der Duft zur Jahreszeit passt, und meiner Überzeugung nach lohnt es sich extrem, in hochwertige Kerzen aus natürlichen Rohstoffen zu investieren.

PEGGY PORSCHEN
cakes

Winter & Weihnachten

Ich finde es immer wieder aufs Neue erstaunlich, dass so viele Inspirationen unserer heutigen Kultur ihren Ursprung in Märchen haben. Vor allem zur Weihnachtszeit sehen unsere Cafés aus, als wären sie geradewegs dem Nussknacker entsprungen. Es fühlt sich geradewegs an wie im Land der Torten und Bonbons! Ungeachtet des gewählten Themas breitet sich die Atmosphäre eines Winter-Wunderlands voller Glitzer und Magie aus. Wir investieren viel Zeit und Arbeit in unsere Weihnachtsdekorationen, durch die unsere Torten und Cookies erst richtig brillieren können. Alles basiert auf einem Gefühl des Teilens und Schenkens, des Verwöhnens und Genießens, und diese Stimmung ist einfach ansteckend.

Gerade in dieser Jahreszeit steht Kreativität an erster Stelle und mein Team und ich entwerfen und gestalten voller Eifer – zum einen Backwaren und Präsente, wie etwa unsere Lebkuchenhäuschen, zum anderen die Dekorationen für unsere Cafés. Die Kunst, eine Kollektion zu entwerfen und deren Narrativ in den Cafés und den Schaufenstern zu spiegeln, fühlt sich für mich an, als würden wir kleine Geschichten erzählen. Eines unserer wohl bewegendsten Themen war die Kollektion *„Sugar & Ice"* 2019. Alles in unseren Cafés war vom Arktischen inspiriert, und das war wunderschön anzusehen. Gleichzeitig wollten wir auf die Bedrohung für das Meereseis und die Eisbären aufmerksam machen und spendeten 1 Prozent unserer Einnahmen für Wohltätigkeitsprojekte.

Schneemann-Cookies

Diese entzückenden Schneemänner mit ihren rosa Wangen versprühen Wärme und Behaglichkeit. Zuerst wird ein einfaches Vanille-Cookie-Rezept zubereitet und dann wir es ein wenig technisch mit den Anleitungen zum Dekorieren mit weißer Zuckerpaste und dem Aufmalen von Gesicht, Schal und Mütze. Diese Details werden mit Silikon-Zuckerformen angefertigt und bekommen davon ihren hübschen Strickmuster-Look.

FÜR 10 COOKIES

Für die Vanille-Cookies

1 Portion Zucker-Cookie-Teig (s. S. 165), mit 1 TL Vanilleextrakt aromatisiert
etwas Mehl zum Bestäuben

Für die Dekoration

1 Portion Halb-und-Halb-Paste (s. S. 166)
Puderzucker oder Speisestärke zum Bestäuben
Pflanzenfett, weiß
Lebensmittelfarbpasten in Rosa, Mintgrün
Lebensmittelstift in Schwarz (s. S. 182)
essbare blassrosafarbene Puderfarbe (s. S. 182)
2 EL Royal Icing, cremige Konsistenz (s. S. 167), plus eventuell etwas mehr

Utensilien (s. S. 164, Grundausstattung, und S. 182, Bezugsquellen)

XXL-Schneemann-Cookie-Ausstecher
Strick-Silikonform
Grobstrick-Silikonform

BACKEN DER COOKIES

Den Backofen auf 175 °C (Umluft) vorheizen und zwei Backbleche mit Backpapier auslegen.

Den gekühlten Zucker-Cookie-Teig kurz durchkneten, damit er geschmeidig wird.

Den Teig auf einer bemehlten Arbeitsfläche 5 mm dick ausrollen.

Mit dem Schneemann-Cookie-Ausstecher 10 Schneemänner ausstechen und mit jeweils 1 cm Abstand auf die Backbleche legen. Das Backpapier sollte ganz glatt liegen und an den Rändern beschwert werden, da die Cookies bei Umluft gebacken werden und sie sonst vom Blech abgehoben werden könnten. Die Cookie-Schneemänner auf den Blechen 10 Min. kühl stellen.

Im vorgeheizten Ofen 8–12 Min. backen, dabei die Backbleche einmal drehen, damit die Cookies gleichmäßig backen. Sie sollten schön goldbraun aus dem Ofen kommen und bei leichtem Druck noch etwas zurückspringen. Die Cookie-Schneemänner auf den Blechen abkühlen lassen.

DEKORIEREN DER COOKIES

Eine ebene Arbeitsfläche oder ein Kunststoffbrett mit Speisestärke bestäuben. Einen Teigroller dünn mit Pflanzenfett bestreichen und die Halb-und-Halb-Paste 1 mm dick ausrollen.

Mit den Schneemann-Cookie-Ausstecher mindestens 12 Pasten-Schneemänner ausstechen, besser ein paar mehr, um das Bemalen zu üben. Auf eine mit Puderzucker oder Speisestärke leicht bestäubte, ebene Fläche legen und bis zur weiteren Verwendung locker mit Frischhaltefolie abdecken.

Wickeln Sie nun 50 g der Paste für die Bommel in Frischhaltefolie und legen Sie diese beiseite.

Die restliche weiße Paste teilen Sie in zwei nicht ganz gleichgroße Portionen: Es wird später etwas mehr rosa Paste benötigt. Färben Sie darum die größere Portion mit der rosafarbenen Lebensmittelfarbe ein und stellen Sie so eine hellrosafarbene Paste her.

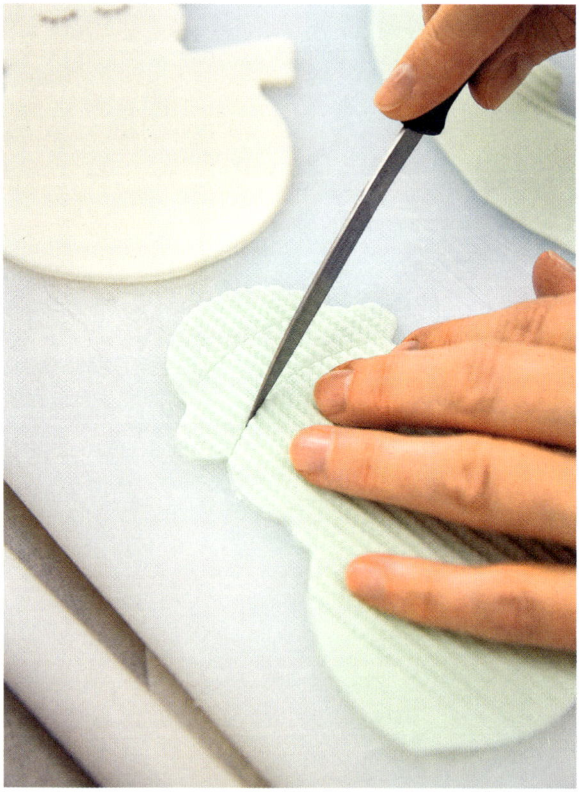
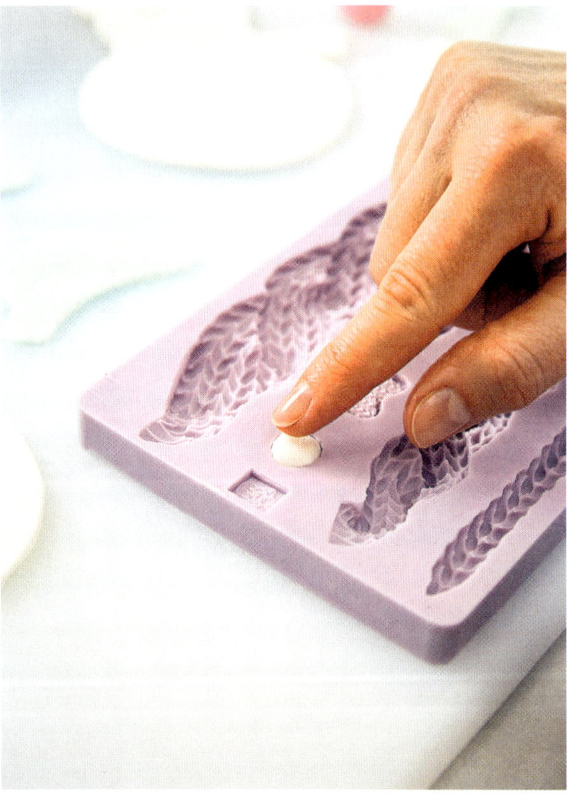

Die andere, kleinere Portion mit der mintgrünen Lebensmittelfarbe einfärben und so eine hellgrüne Paste herstellen. Jede Pastenportion einzeln in Frischhaltefolie wickeln und 10 Min. fest werden lassen.

Die mintgrüne Paste 2 mm dick ausrollen und mithilfe der Strick-Silikonform ein Strickmuster einprägen. Mit dem Mützen-Teil des Schneemann-Cookie-Ausstechers 5 Wollmützen ausstechen. Schneiden Sie die Unterseiten der Mützen mit einem kleinen Küchenmesser zu und prägen Sie die Hutlinie oben ein, indem Sie jede Mütze noch einmal auf das Metallteil des Mützen-Teils pressen.

Mit dem Schal-Teil des Schneemann-Ausstechers 5Schals ausstechen. Alle Strickteile auf einer mit Puderzucker oder Speisestärke bestäubten Arbeitsfläche ruhen lassen und bis zur weiteren Verwendung mit Frischhaltefolie abdecken.

Die vorherigen beiden Schritte mit der rosafarbenen Paste wiederholen und auch hieraus 5 Wollmützen und 5 Schals ausstechen.

Für die Wollmützen-Bommel die beiseitegestellte weiße Paste zu einer 1 mm dicken Rolle rollen und in 10 gleichgroße Stücke schneiden. Jedes Stück zu einer glatten Kugel rollen. Das Kugel-Teil der Strick-Silikonform dünn mit Pflanzenfett bestreichen und eine Pastenkugel hineindrücken. Überstehende Paste abschaben, die Rückseite des Bommels flach drücken und den Bommel aus der Form nehmen. Insgesamt 10 Bommel arbeiten und die Form nach jedem neu einfetten.

Aus den Resten der hellrosafarbenen Paste 5 Herzen arbeiten Dazu den vorherigen Schritt wiederholen, aber diesmal die Pastenkugeln in das Herz-Teil der Strick-Form drücken. Insgesamt 10 Herzen arbeiten.

Die übrige hellrosafarbene Paste mit weiterer Lebensmittelfarbe in Rosa einfärben, sodass sie kräftig rosa wird. Den vorherigen Schritt wiederholen und 5 kräftig rosafarbene Herzen arbeiten.

Die übrige kräftig rosafarbene Paste zu einer Rolle formen und davon 10 linsengroße Stücke abschneiden. Daraus 10 wie Möhren geformte Nasen herstellen. Alle Pastenteile bis zur weiteren Verwendung mit Frischhaltefolie abdecken.

Die Frischhaltefolie von den Pasten-Schneemännern abnehmen – sie sollten nun ein wenig gehärtet sein und sich an der Oberseite trocken anfühlen. Die Augenlider und Wimpern mit dem schwarzen Lebensmittelstift auf die Gesichter zeichnen.

Die Pasten-Schneemänner mit dem essbaren Perlmutt-Glanzspray einsprühen. Für den Zuckerkleber das Royal Icing mit 1 TL Wasser verrühren und die Oberseite der Cookie-Schneemänner dünn mit dem Zuckerkleber bestreichen. Die weißen Pasten-Schneemänner auflegen und andrücken, solange die Paste noch geschmeidig ist. Zwischen Cookie und Paste soll keine Lücke entstehen.

Setzen Sie den Schneemännern nun der Reihe nach Wollmützen und Schals, Nasen, Herzen und Bommel auf. Wenn der Zuckerkleber nicht stark genug klebt und die kleinen Teile nicht gut haften, spritzen Sie ein wenig Royal Icing auf und kleben Sie sie damit fest. Die Cookies vollständig trocknen lassen.

Mit einem feinen Künstlerpinsel und der blassrosafarbenen Puderfarbe die Wangen aufmalen. Dafür den Pinsel in die Puderfarbe tauchen, die Farbe auf einem Papiertuch abstreifen und dann auftragen.

Werden die Cookies nicht direkt gegessen, bewahren Sie sie am besten an einem dunklen und trocknen Ort auf. In einem luftdicht verschließbaren Behälter oder in Zellophan verpackt halten sie bis zu 6 Wochen.

Zimtsterne

Diese Kekse sind eine moderne Interpretation des deutschen Weihnachtsklassikers, der mich immer direkt in die Tage meiner Kindheit zurückversetzt. Die Haselnuss- und Mandelsterne mit Vanille- und Zimtaroma erhalten eine Perlglanz-Baiser-Glasur in Pink, Rosa und Eisblau. Der Trick besteht darin, den richtigen Ausstecher zu benutzen. Ein Zimtstern-Ausstecher, der aufgeklappt werden kann, um die Kekse auszuwerfen, ist für perfekte Backergebnisse äußerst empfehlenswert!

FÜR CA. 60 STERNE

Für den Zimtteig

3 Eiweiß
225 g Puderzucker, gesiebt, plus etwas zum Bestäuben
150 g Mandeln, gemahlen
225 g Haselnüsse, gemahlen
1½ EL Zimt, gemahlen
1 Prise Salz
2 Orangen, unbehandelt, davon der feine Abrieb
290 g Marzipan, fein gewürfelt

Für die Baiser-Glasur

6 Eiweiß
450 g Puderzucker, gesiebt
Lebensmittelfarbpasten in Rosa, Blau
essbares Perlmutt-Glanzspray (s. S. 182)

Utensilien (s. S. 164, Grundausstattung, und S. 182, Bezugsquellen)

abgewinkeltes Palettenmesser (s. S. 182)
klappbarer Zimtstern-Ausstecher

HERSTELLEN DES ZIMTTEIGS

Das Eiweiß in der Rührschüssel der Küchenmaschine schaumig rühren, bis sich weiche Spitzen zeigen.

Beim Schlagen auf mittlerer Stufe nach und nach den Puderzucker einrieseln lassen und weiterschlagen, bis der Eischnee steif und glänzend ist.

Die gemahlenen Mandeln und Haselnüsse, das Salz und den Orangenabrieb in einer Schüssel vermischen. Diese Mischung zum Eischnee geben und alles auf niedriger Stufe verrühren.

Unter Rühren langsam das Marzipan hinzufügen, bis sich alles zu einem klebrigen Teig verbunden hat.

Ein Backblech mit Backpapier auslegen und mit Puderzucker bestäuben. Den Teig darauflegen und mit den Händen möglichst flach drücken. Die Oberseite des Teigs ebenfalls mit Puderzucker bestäuben und ein zweites Stück Backpapier darauflegen.

Den Teig zwischen den beiden Lagen Backpapier 1 mm dick ausrollen.

Den Teig im Kühlschrank kühl stellen und die Baiser-Glasur zubereiten.

HERSTELLEN DER BAISER-GLASUR

Das Eiweiß in der Rührschüssel der Küchenmaschine mit dem Quirlaufsatz steif schlagen, bis ein cremiger Eischnee entstanden ist.

Nach und nach den Puderzucker einrieseln lassen und weiterschlagen, bis der Eischnee steif und glänzend ist.

Die Baiser-Masse in vier gleichgroße Portionen teilen. Mit der Lebensmittelfarbe in Rosa eine Portion einfärben, bis sie pastellrosa ist, und die zweite, bis sie dunkelrosa ist. Die dritte Portion mit der blauen Lebensmittelfarbe pastellblau färben. Die vierte

Portion bleibt weiß. Die Farbpasten nur sehr vorsichtig untermischen, denn sie sind konzentrierter als flüssige Lebensmittelfarbe. (Zum Einfärben von Baiser, s. S. 180.)

GLASIEREN UND BACKEN DER ZIMTSTERNE

Den Backofen auf 110 °C (Umluft) erhitzen und zwei Backbleche mit Backpapier auslegen.

Den Zimtteig in vier gleichgroße Portionen teilen. Mit dem abgewinkelten Palettenmesser jede Portion dünn und gleichmäßig mit einer gefärbten Baiser-Portion bestreichen.

Mit dem Zimtstern-Ausstecher Sterne ausstechen und diese auf die vorbereiteten Backbleche legen. Die Ausstecher-Hälften beim Ausstechen fest zusammendrücken und dann öffnen, um die Kekse auf das Backblech zu setzen. Den Ausstecher nach jedem Stern in Wasser tauchen. So bleibt kein Teig kleben und die Sternspitzen behalten ihre klare Form.

Wenn alle Sterne ausgestochen sind, die Baiser-Reste abschaben und den Teig erneut ausrollen. Wiederum mit einer Baiser-Glasur nach Wahl besteichen und noch einige weitere Sterne ausstechen. (Achtung, der Teig kann nur zweimal ausgerollt werden!)

Die Zimtsterne im vorgeheizten Ofen 90 Min. backen, bis sie sich leicht vom Blech ablösen und etwas fest sind. Sie sollten keine Farbe nehmen. Aus dem Ofen nehmen und auf den Blechen abkühlen lassen.

Sobald die Kekse abgekühlt sind, besprühen Sie die Oberseiten dünn mit dem Perlmutt-Glanzspray.

In einem luftdicht verschließbaren Behälter sind die Zimtsterne bis zu 3 Wochen haltbar.

Mini-Lebkuchenhäuschen

Diese zauberhafte Miniatur eines klassischen Lebkuchenhauses ist ein kleines Fest für alle Sinne. Ein Gewürzlebkuchen-Cookie wird mit Royal Icing und Zuckerpaste von Hand dekoriert. Wenn er dann noch in einer schönen Geschenkschachtel daherkommt, haben Sie im Handumdrehen ein sehr anrührendes selbst gemachtes Weihnachtsgeschenk. Bewahren Sie die Lebkuchen-Cookies in einem luftdicht verschließbaren Behälter auf, dann halten sie einige Wochen.

FÜR 12 COOKIES

Für den Lebkuchenteig

140 g brauner Zucker
5 TL dunkler Zuckerrübensirup
5 TL heller Zuckerrübensirup
3 EL Wasser
2 EL Ingwer, gemahlen
2 EL Zimt, gemahlen
½ TL Gewürznelken, gemahlen
165 g gesalzene Butter, gewürfelt, gekühlt
½ TL Natron, gesiebt
375 g Mehl, gesiebt, plus etwas zum Bestäuben

Für die Dekoration

½ Portion Royal Icing (s. S. 167)
400 g Halb-und-Halb-Paste (aus 200 g Zuckerpaste + 200 g Zuckerblütenpaste, s. S. 166)
Lebensmittelfarbpaste in Bordeauxrot, Mintgrün, Kastanienbraun (s. S. 182)
Puderzucker oder Speisestärke zum Bestäuben
Pflanzenfett, weiß
Zucker zum Bestreuen
Lebensmittelstift in Schwarz (s. S. 182)

Utensilien (s. S. 164, Grundausstattung, und S. 182, Bezugsquellen)

Lebkuchenhaus-Ausstecher-Set
Ausstecher mit gewelltem Rand, Ø 10 cm und 4 cm
runder Ausstecher, Ø 9 cm
Herz-Ausstecher, 1–2 cm
Reh- oder Rehkitz-Ausstecher, 6 cm
Tannenbaum-Ausstecher, 6 cm
2 kleine Spritzbeutel (zum Selbermachen, s. S. 168)

BACKEN DER LEBKUCHEN-COOKIES

Braunen Zucker, dunklen und hellen Zuckerrübensirup, Ingwer, Zimt und Gewürznelke unter ständigem Rühren in einem Topf aufkochen.

Den Topf vom Herd nehmen und nach und nach die Butterwürfel hinzufügen. Weiterrühren, bis sich alles gut verbunden hat.

Das Natron hinzufügen – dabei aufpassen, da die Mischung aufsprudelt. In die Rührschüssel der Küchenmaschine geben, mit einem Küchentuch oder Frischhaltefolie abdecken und auf Zimmertemperatur abkühlen lassen.

Das Mehl in den Teig sieben und auf niedriger Stufe zu einem feuchten und klebrigen Teig verrühren. Den Teig in Frischhaltefolie wickeln und mindestens 2 Std. kühl stellen, bis er fest ist. In der Zwischenzeit zwei Backbleche mit Backpapier auslegen.

Den Teig aus dem Kühlschrank nehmen, leicht durchkneten und zu einer geschmeidigen Kugel formen.

Den Teig auf einer leicht bemehlten Arbeitsfläche 5 mm dick ausrollen.

Mit dem Lebkuchenhaus-Ausstecher 12 Häuschen ausstechen und auf die vorbereiteten Backbleche legen.

Die Häuschen 30 Min. kühl stellen. In der Zwischenzeit den Backofen auf 180 °C (Umluft) vorheizen.

Die Cookies im vorgeheizten Ofen 8–10 Min. backen, bis sie bei leichtem Druck zurückspringen und an den Rändern leicht dunkel sind. Auf den Backblechen abkühlen lassen.

DEKORIEREN DER COOKIES

Mit der bordeauxroten Lebensmittelfarbe eine Hälfte der Halb-und-Halb-Paste pastellrosa einfärben (s. S. 166).

Eine ebene Arbeitsfläche oder ein Kunststoffbrett mit Speisestärke bestäuben. Einen Teigroller dünn mit Pflanzenfett bestreichen und die pastellrosafarbene Halb-und-Halb-Paste 1 mm dick ausrollen.

Mit dem Tür-Teil des Häuschen-Ausstecher-Sets 12 Türen ausstechen. Die restliche pastellrosafarbene Paste bis zur weiteren Verwendung in Frischhaltefolie wickeln.

Für den Zuckerkleber 1 EL Royal Icing mit 1 TL Wasser verrühren und jedes Häuschen-Cookie an der Stelle dünn damit bestreichen, an der die Tür positioniert werden soll. Die Tür aufkleben.

Die übrige weiße Paste 1 mm dick ausrollen und mit dem großen Ausstecher mit gewelltem Rand 12 Kreise ausstechen.

Aus den Kreisen mit dem runden Ausstecher mittig je einen kleinen Kreis ausstechen, sodass ein Kranz mit gewelltem Rand entsteht. Den Rand an einer Stelle einschneiden, um den Kranz zu öffnen.

Um jede rosafarbene Tür auf den Häuschen-Cookies eine dünne Linie Zuckerkleber auftragen und einen gewellten Kranz um die Tür legen. Unten abschneiden, damit die Kränze bündig mit den unteren Türrändern abschließen.

Die aufbewahrte blassrosafarbene Paste mit etwas Lebensmittelfarbe dunkelrosa einfärben.

Die dunkelrosafarbene Paste 1 mm dick ausrollen und mit dem kleinen Ausstecher mit gewelltem Rand 12 kleine Kreise ausstechen. Dann mit dem Herz-Ausstecher „Fenster" aus den Kreismitten ausstechen.

Mit Zuckerkleber die Fenster über den Türen aufkleben.

Die restliche weiße Paste in zwei Portionen teilen. Mit Lebensmittelfarbe eine Portion blass mintgrün einfärben, die andere blass kastanienbraun. Die braune Paste in Frischhaltefolie wickeln und bis zur weiteren Verwendung ruhen lassen.

Die grüne Paste 1 mm dick ausrollen und mit dem Tannenbaum-Cookie-Ausstecher 12 Tannenbäume ausstechen. Mit dem Zuckerkleber jeweils einen Tannenbaum rechts neben eine Tür kleben, sodass diese davon teilweise verdeckt wird.

Die blassbraune Paste 1 mm dick ausrollen und mit dem Reh-Cookie-Ausstecher 12 Rehe ausstechen. Da die Beine sehr dünn sind und die Paste im Ausstecher kleben bleiben könnte, die Ausstecher vor der Verwendung mit etwas Pflanzenfett bestreichen. Alternativ können Sie die Beine mit einem feinen Künstlerpinsel oder einem feinen Zucker-Modellierwerkzeug vorsichtig aus der Form drücken.

Die Rehe auf einer ebenen, mit Puderzucker oder Speisestärke bestäubten Arbeitsfläche etwas fest werden lassen, bevor Sie sie auf die Cookies kleben. So bleiben die Beine in der vorgesehenen Länge.

Das Royal Icing mit einigen Tropfen Wasser verrühren, sodass es eine cremige Konsistenz erlangt (s. S. 167).

In einen Spritzbeutel füllen und unten eine winzige Spitze abschneiden. Damit die feinen Details der Rehe und die Punkte auf den rosafarbenen Fensterrahmen aufspritzen.

Dann das Loch im Spritzbeutel etwas vergrößern und den Schnee auf die Tannenbäume spritzen. Dazu zunächst auf den unteren Zweigrand eines Baumes eine Reihe etwa perlengroßer Tupfen spritzen. Einen weichen, feinen Künstlerpinsel mit Wasser anfeuchten und mit der Brush-Embroidery-Technik den Schnee-Effekt erzeugen: Den Pinsel in die Mitte eines Tupfens setzen und die Glasur nach oben zu einem Punkt hin „bürsten". Den Pinsel nach jedem Strich säubern und zwischendurch immer wieder kurz ins Wasser tauchen. Er sollte feucht, aber nicht nass sein, denn zu viel Wasser kann das Royal Icing schmelzen lassen. Mit den weiteren Zweigrändern des Baumes genauso verfahren

Mit dem cremigen Royal Icing spritzen Sie nun noch die Konturen des schneebedeckten Daches und des Schornsteins mit ihren Eiszapfen auf.

Verrühren Sie 4 EL Royal Icing mit einigen Tropfen Wasser zu einer flüssigen Konsistenz (s. S. 167) und füllen Sie etwas davon in einen Spritzbeutel. Das übrige Royal Icing in eine Schüssel geben und bis zur weiteren Verwendung mit einem feuchten Tuch abdecken.

Die Innenflächen des Daches und des Schornsteins mit dem flüssigen Royal Icing ausfüllen. Solange der Guss noch feucht ist, das Dach mit Zucker bestreuen, das sorgt für eine schöne Schnee-Struktur.

Alle Cookies auf diese Weise dekorieren und vollständig trocknen lassen.

Zum Schluss mit dem schwarzen Lebensmittelstift die Augenlider der Rehe aufmalen.

Die fertigen Lebkuchen-Cookies sind 8 Wochen haltbar, wenn sie in einem luftdicht verschließbaren Behälter aufbewahrt oder in Zellophan verpackt werden.

Schick in Strick

KOKOS-MANDEL-TORTE

Elegant gekleidet für die Weihnachtstage erscheint diese wunderschöne Torte. Das Heimeligkeit verbreitende Zopfmuster hüllt sie raffiniert ein, und jedes Tortenstück wird mit einer Perlmutt-Schoko-Kugel, einer Zucker-Schneeflocke und Metallic-Zuckerperlen gekrönt. Innen überrascht die Kreation mit einem herrlich leichten Mandel-Chiffon-Biskuit, das mit einer cremigen Kokos-Baiser-Buttercreme überzogen ist. Die Spritztechnik mag schwierig aussehen, aber wenn Sie den Dreh erst einmal heraushaben, dann geht es überraschend fix. Ich empfehle Ihnen, vorher etwas zu üben, bevor Sie sich an die Torte wagen.

FÜR 1 TORTE, Ø 15 CM (FÜR 10 PERS.)

1 Portion Chiffon-Biskuit (s. S. 171), mit 1 TL Vanilleextrakt aromatisiert

Für die Zucker-Schneeflocken

50 g Zuckerblütenpaste, weiß
Pflanzenfett, weiß
Puderzucker oder Speisestärke zum Bestäuben
essbares Perlmutt-Glanzspray (s. S. 182)

Für den Mandel-Zuckersirup

100 g Zucker
100 ml Wasser
natürlicher Mandelextrakt oder Mandellikör (z. B. Amaretto)

Für die Kokos-Baiser-Buttercreme

1 Schichttorten-Portion Baiser-Buttercreme (s. S. 176)
170 ml Kokosnusscreme, dickcremig

Für die Tortendekoration

10 große Perlmutt-Schoko-Kugeln in Pink, Blau, Elfenbein (s. S. 182)
metallic-silberne und -rosafarbene Zuckerperlen (s. S.182)

Utensilien (s. S. 164, Grundausstattung, und S. 182, Bezugsquellen)

Mini-Schneeflocken-Ausstecher mit Auswerfer
3 flache Backformen, Ø 15 cm
feinzackiger Tortenkamm
großer Spritzbeutel mit kleiner Sterntülle

HERSTELLEN DER ZUCKERSCHNEEFLOCKEN

Die Zuckerblütenpaste mit ein wenig Pflanzenfett vermischen, bis sie geschmeidig und formbar ist.

Eine ebene Arbeitsfläche oder ein Kunststoffbrett mit Speisestärke bestäuben. Einen Teigroller dünn mit Pflanzenfett bestreichen und die Paste 1 mm dick ausrollen.

Mit dem Mini-Schneeflocken-Ausstecher mindestens 10 Flocken ausstechen, besser ein paar mehr, falls welche zu Bruch gehen.

Die Schneeflocken auf eine ebene, mit Puderzucker oder Speisestärke bestäubte Arbeitsfläche legen und mit dem Perlmutt-Glanzspray besprühen. Vollständig trocknen lassen – das dauert einige Stunden.

HERSTELLEN DES MANDEL-ZUCKERSIRUPS

Zucker und Wasser in einem kleinen Topf aufkochen und köcheln lassen, bis sich der Zucker aufgelöst hat. Vom Herd nehmen und abkühlen lassen.

Den Mandelextrakt einrühren.

HERSTELLEN DER BAISER-BUTTERCREME

Die Kokosnusscreme unter die fertige Baiser-Buttercreme mischen.

ZUSAMMENSETZEN UND DEKORIEREN DER TORTE

Die Biskuitböden mit der Kokos-Baiser-Buttercreme und dem Mandel-Zuckersirup zusammensetzen und die Krümelschicht aufbringen (s. S. 172). Für 30 Min. kühl stellen, bis die Creme etwas fester ist.

Wenn die Krümelschicht stabil ist, die Torte mit einer perfekt glatten, gleichmäßigen Schicht Buttercreme überziehen. Solange die Buttercreme noch weich ist, den feinzackigen Tortenkamm in einer flüssigen Bewegung um die Seiten herumziehen.

Überschüssige Buttercreme auf der Oberseite der Torte mit einem Palettenmesser vom Rand zur Mitte hin verstreichen. Die Torte erneut einige Minuten kühl stellen.

Die restliche Buttercreme in einen großen Spritzbeutel mit kleiner Sterntülle füllen.

Die Seiten der Torte in 10 gleichgroße Abschnitte einteilen und diese mit einem Messer oben am Tortenrand markieren.

An einer der Markierungen beginnen und vom oberen Tortenrand bis nach unten senkrecht eine Linie aus Tupfen aufspritzen, die wie Jakobsmuscheln aussehen sollen. An allen Markierungen auf diese Weise Buttercreme aufspritzen.

Nun spritzen Sie jeweils mittig zwischen die Muschelstreifen von oben nach unten eine senkrechte Linie aus ineinandergreifenden S-Schnörkeln auf.

Dann jeweils oberhalb der Muschelstreifen auf dem Tortenrand 10 gleichgroße Buttercreme-Rosetten aufspritzen und mit den verschiedenfarbigen Schoko-Kugeln dekorieren.

Je eine Schneeflocke auf eine Rosette setzen und die Torte mit Metallic-Zuckerperlen bestreuen.

DIE MAGIE EINES KREATIVEN TEAMS

An dieser Stelle möchte ich meinem gesamten kreativen „Dream-Team" laut Beifall klatschen. Für jede Kollektion in unseren Cafés arbeiten wir rastlos, bis auch das kleinste Detail stimmig ist. Ich habe langjährige Beziehungen zu Profis aufgebaut, die ähnlich denken wie ich und die mir durch ihr Talent, ihre Vision und ihr Wissen bei jeder neuen Idee helfen, meinen Stil weiterzuentwickeln und noch klarer umzusetzen. Von meinen Food-Entwicklungsspezialisten bis zu meinem Fotografen, Floristen, Textern und Grafikern arbeiten alle mit höchster Akkuratesse, um meine Botschaft zu übersetzen und in die Welt hinaus zu tragen – bis sie sich vollständig über die Tortenkunst, die floralen Elemente, die Grafik, die Bilder und die Sprache legt.

Beim Dekorieren unserer Cafés ist unser Florist und Stylist Mathew Dickinson der strahlende Stern. Unsere Verbindung reicht zurück bis in die Zeit, als ich in der Hochzeitsbranche tätig war. Mathew und ich hatten sofort einen Draht zueinander und sind seit der ersten Blumendekoration im Café 2015 ein kreatives Team. Er hat eine unbeschreibliche Vorstellungskraft und verschiebt spielend leicht kreative Grenzen, die auf dem Papier übertrieben abstrakt erscheinen. Doch ich vertraue ihm bedingungslos, und dieses „freie Walten und Schalten" erschafft wahre Magie mit jeder neuen Dekoration. Und mit den folgenden Top-Tipps von Mathew werden auch Sie zum Deko-Profi!

- Halten Sie es schlicht.
- Entscheiden Sie sich für ein Thema – und lassen Sie sich nicht davon abbringen.
- Wählen Sie ein gut durchdachtes Farbkonzept, achten Sie darauf, dass die Farben harmonieren und halten Sie sich daran. Zu viele Farben schaffen ein unruhiges Bild.
- Seien Sie einzigartig. Das Internet ist praktisch, um Ideen zu sammeln, aber Ihr Stil muss sich für Sie authentisch anfühlen.
- Visualisieren Sie Ihre Ideen mithilfe von Fotos, Zeichnungen und Collagen.
- Überladen Sie die Deko nicht. Das passiert leicht, doch es gilt: Weniger ist mehr.
- Es kann und wird nicht immer perfekt sein, aber Sie lernen ja vor allem aus Fehlern.
- Denken Sie immer positiv über das, was Sie tun!

Winterdorf

LEBKUCHEN-SPEKULATIUS-TORTE

Als festlicher Blickfang auf jeder weihnachtlichen Kaffeetafel ist diese Torte eine tolle Gelegenheit, Ihre mit viel Liebe selbstgebackenen Meisterstücke zu präsentieren. Dieses Rezept ist von dem vor allem in Deutschland, Belgien und den Niederlanden beliebten Spekulatius inspiriert. Ein köstliches Spekulatius-Biskuit wird mit leckerer Karamellmasse gefüllt und mit einer Spekulatius-Baiser-Buttercreme überzogen. Die von Hand dekorierten Winterdorf-Elemente sind aus Lebkuchen hergestellt und erfüllen den Raum mit dem Duft warmer Zucker- und Gewürzaromen.

FÜR 1 TORTE, Ø 15 CM (FÜR 10 PERS.)

Für die Lebkuchen

105 g brauner Zucker
1½ EL dunkler Zuckerrübensirup
1½ EL heller Zuckerrübensirup
1½ EL Ingwer, gemahlen
1½ EL Zimt, gemahlen
½ TL Gewürznelke, gemahlen
2½ EL Wasser
125 g gesalzene Butter, gewürfelt, gekühlt
½ TL Natron, gesiebt
280 g Mehl, gesiebt, plus etwas zum Bestäuben
2 geh. EL Royal Icing (s. S. 167)
1 EL Zucker

Für den Vanille-Zuckersirup

75 g Zucker
75 ml Wasser
½ TL Vanilleextrakt

Für das Karamell-Biskuit

90 g Butter
1 Prise Salz
200 g Zucker
120 g dunkelbrauner Zucker
1 TL Vanilleextrakt
3 Eier, Gr. M
225 g Mehl, gesiebt
190 ml Buttermilch
1 TL Weißweinessig
½ TL Natron

Für die Spekulatius-Füllung

ca. 150 g Crunchy-Spekulatius-Aufstrich (z. B. von Lotus Biscoff)

Für die Spekulatius-Baiser-Buttercreme

35 ml Wasser
150 g Zucker
80 g Eiweiß (von ca. 3 Eiern)
200 g Butter, gewürfelt, weich
175 g glatter Spekulatius-Aufstrich (z. B. von Lotus Biscoff)

Für die Dekorationen

Sternanissamen
weiße Mini-Baiser-Küsse (fertig gekauft, s. S. 182; zum Selbermachen, s. S. 180)
weiße Mini-Zuckerperlen

Utensilien (s. S. 164, Grundausstattung, und S. 182, Bezugsquellen)

Cocktailspieße oder Zahnstocher
diverse Mini-Lebkuchenhaus-Ausstecher
diverse Mini-Tannenbaum-Ausstecher
2 kleine Spritzbeutel (zum Selbermachen, s. S. 168)
3 flache Backformen, Ø 15 cm
Ölsprüher
dünne Tortenunterlage, Ø 15 cm
Spritzbeutel

BACKEN UND DEKORIEREN DER LEBKUCHEN

Weichen Sie 10 Cocktailspieße in Wasser ein.

Zucker, dunklen und hellen Zuckerrübensirup, Ingwer, Zimt, Gewürznelken und Wasser unter ständigem Rühren in einem hohen Topf aufkochen. Den Topf vom Herd nehmen und nach und nach die Butterwürfel hinzufügen. Weiterrühren, bis sich alles gut verbunden hat.

Das Natron hinzufügen – dabei aufpassen, da die Mischung aufsprudelt. In die Rührschüssel der Küchenmaschine geben, mit einem Küchentuch oder Frischhaltefolie abdecken und auf Zimmertemperatur abkühlen lassen.

Das Mehl hineinsieben und alles auf niedriger Stufe zu einem feuchten und klebrigen Teig verrühren. Den Teig in Frischhaltefolie wickeln und mindestens 2 Std. kühl stellen, bis er fest ist.

Ein Backblech mit Backpapier auslegen.

Den Teig aus dem Kühlschrank nehmen, leicht durchkneten und zu einer geschmeidigen Kugel formen.

Den Teig auf einer leicht bemehlten Arbeitsfläche 3–4 mm dick ausrollen.

Mit den Ausstechern drei Häuschen und einige Tannenbäume in unterschiedlichen Größen ausstechen und auf das vorbereitete Backblech legen. (Teigreste können bis zu 1 Monat eingefroren werden, oder Sie machen noch ein paar mehr Lebkuchen für den Plätzchenteller daraus.)

Je einen eingeweichten Spieß bis zur Hälfte von unten in jeden einzelnen Lebkuchen stecken; die Lebkuchen werden am Ende in die Torte gesteckt, damit sie aufrecht stehen bleiben.

Die Lebkuchen 20 Min. kühl stellen. In der Zwischenzeit den Backofen auf 180 °C (Umluft) vorheizen.

Die Cookies im vorgeheizten Ofen 6–8 Min. backen, bis sie an den Rändern leicht dunkel sind. Auf dem Backblech abkühlen lassen.

Verrühren Sie nun 1 EL Royal Icing mit einem Tropfen Wasser, um eine cremige Konsistenz zu erzielen (s. S. 167).

In einen Spritzbeutel füllen und unten eine winzige Spitze abschneiden. Auf jedes Lebkuchenhäuschen die Konturen für den Schnee auf dem Dach, am Schornstein und an der Fensterbank aufspritzen.

Dann auf die Tannenbäume waagerecht einige verschnörkelte Linien aufspritzen. Solange das Royal Icing noch feucht ist, bestreuen Sie die Linien mit Zucker, um eine schöne Schnee-Struktur zu schaffen.

Das restliche Royal Icing mit einigen Tropfen Wasser zu einer flüssigen Konsistenz verrühren (s. S. 167) und in einen zweiten Spitzbeutel abfüllen. Unten eine kleine Spitze abschneiden und die Innenflächen der Konturen auf den Häuschen ausfüllen.

Solange das Royal Icing noch feucht ist, auch diese Elemente mit Zucker bestreuen. Trocknen lassen.

HERSTELLEN DES VANILLE-ZUCKERSIRUPS

Zucker, Wasser und Vanilleextrakt in einem kleinen Topf aufkochen und köcheln lassen, bis sich der Zucker aufgelöst hat. Den Topf vom Herd nehmen und den Sirup abkühlen lassen.

BACKEN DES KARAMELL-BISKUITS

Den Backofen auf 175 °C (Umluft) vorheizen. Die drei Backformen mit Öl einsprühen und mit Backpapier auslegen.

Butter, Salz, Zucker, dunkelbraunen Zucker und Vanilleextrakt in der Schüssel der Küchenmaschine auf mittlerer bis hoher Stufe schaumig rühren.

In einer zweiten Schüssel die Eier leicht verquirlen und nach und nach unter Rühren auf mittlerer Stufe zur Buttermischung gießen. Es sollte sich alles gut verbinden; eventuell kurz warten, dann mehr hinzugeben und einrühren. Eier und Butter sollten zimmerwarm sein, damit sich der Teig nicht trennt. Sollte das passieren, 1 EL Mehl unterrühren, um den Teig zu binden, und erst dann weitere Eier hinzufügen.

Nun abwechselnd Mehl und Buttermilch portionsweise unter den Teig mischen und alles gut verrühren.

Essig und Natron in einer kleinen Schüssel verquirlen und sofort, wenn es aufsprudelt, in den Teig einrühren.

Den Teig gleichmäßig auf die Backformen verteilen.

Im vorgeheizten Ofen 30–35 Min. backen. Das Biskuit ist fertig, wenn die Oberseite bei leichtem Druck zurückspringt und sich die Ränder von der Form lösen. Sie können auch die Stäbchenprobe machen: Wenn Sie ein Holzstäbchen in die Mitte einstechen, sollte beim Herausziehen nichts mehr daran haften.

Die Biskuitböden einige Minuten in den Formen abkühlen lassen und die Oberseiten mit Zuckersirup bestreichen.

Die abgekühlten Biskuitböden vorsichtig aus den Backformen heben. Dabei die Ränder nicht beschädigen und eventuell ein kleines Küchenmesser zu Hilfe nehmen. Die Biskuitböden auf einem Kuchengitter vollständig auskühlen lassen.

HERSTELLEN DER SPEKULATIUS-BAISER-BUTTERCREME

Aus den hier genannten Zutaten die Baiser-Buttercreme zubereiten (s. S. 176).

Den glatten Spekulatius-Aufstrich zur fertigen Baiser-Buttercreme geben und gut unterrühren.

ZUSAMMENSETZEN UND DEKORIEREN DER TORTE

Mit den Biskuitböden gemäß Anleitung verfahren, bis der erste Boden auf die Tortenunterlage aufgelegt wird (s. S. 172).

Etwa 2 EL Spekulatius-Buttercreme in einen Spritzbeutel füllen und unten eine mittelgroße Spitze abschneiden. Am Rand des ersten Biskuitbodens einen 5 mm dicken Ring aufspritzen. Den Crunchy-Spekulatius-Aufstrich mit einem Löffel in dem Buttercremering verteilen.

Dann den mittleren Biskuitboden (der auf beiden Seiten abgeschnitten wurde) auflegen.

Mit einem Palettenmesser den Biskuitboden mit der Spekulatius-Buttercreme gleichmäßig 5 mm dick bestreichen.

Den obersten Biskuitboden aufsetzen, mit der Krustenseite nach oben.

Kontrollieren Sie, ob alle Biskuitböden genau übereinanderliegen und die Oberseite eben aufliegt. Buttercremereste, die an den Seiten herausquellen, mit einem Palettenmesser glatt verstreichen.

Die Torte rundum mit noch etwas mehr Buttercreme bestreichen und mit Palettenmesser und Seitenglätter glätten. Diese Krümelschicht fixiert die Krümel und sorgt für eine stabile Grundform. Sie muss nicht perfekt glatt sein und es ist völlig okay, wenn an ein paar Stellen noch Tortenboden durch die Buttercreme hindurchscheint. Die Torte 30 Min. kühl stellen, bis die Creme fest geworden ist.

Die gekühlte Torte mit einer perfekt glatten und gleichmäßigen Buttercremeschicht überziehen und auf den Drehteller setzen.

Nun auf der Oberseite der Torte einen Wirbel kreieren: Dafür in der Mitte die Spitze des Palettenmessers in die Buttercreme tauchen, den Teller drehen und das Palettenmesser langsam nach außen zum Rand führen. Die Torte nochmals kühl stellen.

Ordnen Sie die Lebkuchen auf der Torte zu einem Dorf an und stecken Sie sie fest. Die größeren Lebkuchen dabei nach hinten stellen.

Sternanissamen und Baiser-Küsse rund um das Dorf verteilen und die weißen Zuckerperlen als Schnee darüberstreuen.

Achtung!
Sorgen Sie dafür, dass alle Spieße entfernt sind, bevor die Torte gegessen wird. Diese sollten nicht in die Hände von Kindern gelangen!

PEGGY PORSCHEN

DEKOIDEEN FÜR WINTER & WEIHNACHTEN

Es ist ein so wohliges Gefühl, an Weihnachten nach Hause zu kommen und vom Duft nach Zucker und Gewürzen empfangen zu werden. Unsere Cafés werden von Anfang November an davon erfüllt, und auch Sie können in Ihrem Zuhause diese Atmosphäre zaubern: Schmücken Sie Ihr Haus und stellen Sie Lebkuchen-Baumanhänger her. Wenn der Lebkuchen keine Feuchtigkeit bekommt, hält er sich einige Wochen. Beim Backen und Verzieren können die Kinder mithelfen und die Lebkuchen eignen sich wunderbar als Platzkarten und essbare Präsente.

♡

Nehmen Sie mein Lebkuchen-Rezept (s. S. 140) und verzieren Sie diese, dann lassen Sie die Glasur über Nacht vollständig trocknen. Im nächsten Schritt (und das ist nur etwas für Erwachsene!) benötigen Sie einen feinen Bohrer mit 4–5 mm Durchmesser: Sie werden sehen, das Ergebnis ist die Mühe wert! Den Bohrer reinigen und desinfizieren, dann die Lebkuchen auf ein Kuchengitter legen und Löcher hineinbohren, durch die Schleifenbänder zum Aufhängen gezogen werden können. Noch raffiniertere, fantastische Prunkstücke sind ein Lebkuchenhaus auf dem Kaminsims oder die Lebkuchen-Spekulatius-Torte mit Winterdorf (s. S. 148) auf der weihnachtlichen Kaffeetafel.

♡

Wenn Sie wie ich Pastellfarben mögen, dann setzen Sie diese auch zu Weihnachten ein. Es gibt so viele entzückende Dekorationen, die zu diesem Look passen, und er bietet eine wirklich schöne Abwechslung zum traditionellen Rot-Grün. Neben dem Weihnachtsbaum können Sie Fenster, Türen und den Kamin schmücken, etwa mit verschneiten Weihnachtsgirlanden, die mit pastellfarbenen Kugeln, Lichterketten und Lebkuchen dekoriert werden.

♡

Außerdem liebe ich es, zu Hause ein „Bonbonland" aufzubauen und meinen Gästen Süßigkeiten, Zuckerstangen und glasierte Cookies in Gläsern anzubieten. Eine meiner liebsten Dekorationen ist ein etwas abstrakter „Süßigkeiten-Weihnachtsbaum". Ich habe vor einigen Jahren das Café damit geschmückt und solche Bäume in die Regale gestellt, und sie haben wirklich Eindruck gemacht. Dafür baumförmige Kegel aus Pappmaché oder Styropor mit Royal Icing überziehen und mit Zimtsternen, Baiser-Küssen und Macarons verzieren.

Arctic Ice

SCHOKO-MINZE-CUPCAKES

Dieses wundervolle Rezept wird mit seinem nostalgischen Pfefferminz-Frosting das Kind in Ihnen erwecken. In Kombination mit dem herrlich leichten und schaumigen Schokochip-Biskuit ist das Ergebnis einfach umwerfend. Folgen Sie der Schritt-für-Schritt-Anleitung und stellen Sie selbst Eisbären und Schneeflocken her, um die „frostigen" Cupcakes zu verzieren.

FÜR 24 CUPCAKES

Für die Zuckerdekorationen

250 g Zuckerblütenpaste, weiß
Pflanzenfett, weiß
Puderzucker oder Speisestärke zum Bestäuben
Lebensmittelstift in Schwarz (s. S. 182)
essbare blassrosafarbene Puderfarbe (s. S. 182)
essbares Perlmutt-Glanzspray (s. S. 182)
metallic-rosafarbene und -silberne Zuckerperlen

Für die Baiser-Eisberge

6 Eiweiß
450 g Puderzucker, gesiebt
essbares Perlmutt-Glanzspray

Für den Pfefferminz-Zuckersirup

150 g Zucker
150 ml Wasser
Pfefferminzextrakt (s. S. 182)

Für die Schoko-Cupcakes

225 g Butter, weich
1 Prise Salz
225 g Zucker
1 TL Vanilleextrakt
4 Eier, zimmerwarm
225 g Mehl, gesiebt
2 TL Backpulver
80 g dunkle Schokoladensplitter (mind. 53 % Kakaoanteil), grob gehackt

Für die Minze-Baiser-Buttercreme

1 Cupcake-Portion Baiser-Buttercreme (s. S. 176)
5 Tropfen Pfefferminzextrakt
Lebensmittelfarbpaste in Eisblau (s. S. 182)

Utensilien (s. S. 164, Grundausstattung, und S. 182, Bezugsquellen)

Mini-Eisbär-Ausstecher
Mini-Schneeflocken-Ausstecher mit Auswerfer
abgewinkeltes Palettenmesser
2 Muffinbleche mit je 12 Mulden
24 metallic-silberne Papierförmchen
großer Spritzbeutel
großer Spritzbeutel mit großer Sterntülle

HERSTELLEN DER ZUCKERDEKORATIONEN

Die Zuckerblütenpaste mit wenig Pflanzenfett vermischen, bis sie geschmeidig und formbar ist. Trockene oder krümelige Stellen vor dem Kneten entfernen, damit sie nicht die ganze Portion ruinieren.

Eine ebene Arbeitsfläche oder ein Kunststoffbrett mit Speisestärke bestäuben. Einen Teigroller dünn mit Pflanzenfett bestreichen und einen Teil der Zuckerblütenpaste 1 mm dick ausrollen.

Mit dem Mini-Eisbär-Ausstecher mindestens 24 Eisbären ausstechen, besser ein paar mehr, falls welche zu Bruch gehen. Zum Trocknen auf eine ebene, leicht mit Puderzucker oder Speisestärke bestäubte Oberfläche legen.

Noch mehr Paste ausrollen und mit dem Mini-Schneeflocken-Ausstecher mindestens 48 Schneeflocken ausstechen, besser ein paar mehr, falls welche zu Bruch gehen. Den Ausstecher fest eindrücken, um die Schneeflockenform in die Paste zu prägen, und dann hochheben.

Die Schneeflocken und die Eisbären trocknen lassen.

Sobald sie trocken sind, mit dem schwarzen Lebensmittelstift die Augenlider und Nasen auf die Eisbärengesichter zeichnen.

Einen feinen Künstlerpinsel in die blassrosafarbene Puderfarbe tauchen, die Farbe auf einem Papiertuch abstreifen und die Bäuche der Eisbären aufmalen.

Die Schneeflocken und die Eisbären mit dem essbaren Perlmutt-Glanzspray besprühen.

HERSTELLEN DER BAISER-EISBERGE

Den Backofen auf 80 °C (Umluft) vorheizen. Ein Backblech mit Backpapier oder mit einer Silikon-Backmatte auslegen.

Das Eiweiß in der Rührschüssel der Küchenmaschine mit dem Quirlaufsatz zu weichen Spitzen schlagen.

Beim Schlagen nach und nach den Puderzucker einrieseln lassen und weiterschlagen, bis der Eischnee steif und glänzend ist.

Die Baiser-Masse mit dem abgewinkelten Palettenmesser auf das vorbereitete Backblech streichen.

Im vorgeheizten Ofen 30 Min. backen, bis sich das Baiser fest anfühlt und vom Backblech lösen lässt.

Das Baiser mit dem Perlmutt-Glanzspray besprühen und in dreieckige Scherben brechen, die an die Form von Eisbergen erinnern. Wenn die Baisers nicht direkt verwendet werden, bewahren Sie sie in einem luftdicht verschließbaren Behälter auf oder decken Sie sie mit Frischhaltefolie ab.

HERSTELLEN DES PFEFFERMINZ-ZUCKERSIRUPS

Zucker und Wasser in einem Topf aufkochen und köcheln lassen, bis sich der Zucker aufgelöst hat. Den Topf vom Herd nehmen und den Sirup abkühlen lassen.

Den Pfefferminzextrakt in den abgekühlten Zuckersirup einrühren.

BACKEN DER SCHOKO-CUPCAKES

Den Backofen auf 175 °C (Umluft) vorheizen und Papierförmchen in die Mulden der Muffinbleche setzen.

Butter, Salz, Zucker und Vanilleextrakt in der Schüssel der Küchenmaschine blass und schaumig rühren. Das braucht etwas Zeit, deshalb diesen Schritt zuerst ausführen, sodass ausreichend Luft in die Masse kommt.

In einer zweiten Schüssel die Eier verquirlen und nach und nach unter ständigem Rühren auf niedriger Stufe zur Buttermischung geben. Immer wieder gut verrühren und darauf achten, dass sich die Masse nicht trennt.

Das Mehl mit dem Backpulver mischen und in drei Portionen einrühren. Die Schokoladensplitter untermischen.

Den Teig in einen großen Spritzbeutel füllen und von der Spitze 2,5 cm abschneiden. Den Teig so in die Papierförmchen spritzen, dass diese zu je zwei Dritteln gefüllt sind. Dabei in der Mitte beginnen und spiralförmig bis zum Förmchenrand spritzen. In der Mitte eine kleine Mulde lassen; so gehen die Cupcakes beim Backen gleichmäßig auf.

Das Muffinblech mehrmals auf die Arbeitsfläche schlagen und vor dem Backen den Teig 10 Min. ruhen lassen (das verhindert, dass die Cupcakes beim Backen zu hoch aufgehen und die Oberseite aufreißt).

Im vorgeheizten Ofen 12–15 Min. backen. Die Cupcakes sind fertig, wenn sie goldgelb sind, die Oberseiten bei leichtem Druck nachgeben und sich die Ränder der Förmchen vom Blech lösen.

Aus dem Ofen nehmen und einige Minuten in den Blechen abkühlen lassen.

Die Oberseiten der Cupcakes mit dem Pfefferminz-Zuckersirup bestreichen, solange sie noch warm sind. So kann das Biskuit die Feuchtigkeit aufnehmen und es bildet sich keine trockene Kruste.

Die Cupcakes auf einem Kuchengitter vollständig auskühlen lassen (nicht im Blech belassen, sonst kleben die Papierförmchen am Boden fest). Die Unterseiten mit einem feuchten Tuch abwischen, falls sie vom Sirup klebrig sind.

HERSTELLEN DER MINZE-BAISER-BUTTERCREME

Den Pfefferminzextrakt in die Baiser-Buttercreme einrühren.

Nun wenig eisblaue Lebensmittelfarbe mit dem Palettenmesser in 1 EL Buttercreme einrühren, bis sich alle Farbsprenkel aufgelöst haben. Solange die gefärbte Baiser-Masse in kleinen Portionen wieder zur weißen Masse geben und gut vermischen, bis alles pastellblau gefärbt ist.

DEKORIEREN DER CUPCAKES

Die Buttercreme in einen großen Spritzbeutel mit großer Sterntülle füllen und eine große Rosette auf jeden Cupcake spritzen.

Jeweils mit zwei Baiser-Eisbergen, einem Eisbären, zwei Schneeflocken und ein paar metallic-rosafarbenen Zuckerperlen dekorieren.

Möglichst direkt servieren. Die Zuckerdekorationen können schmelzen, wenn sie feucht werden (etwa im Kühlschrank), und halten sich darum maximal 24 Stunden auf den Cupcakes.

Baileys-Schokoladen-Torte

Ein festlicher Weihnachtsgenuss nur für die Großen. Das Karamell-Buttermilch-Biskuit wird in Baileys-Sirup getränkt und mit einer opulenten Schoko-Likör-Frischkäse-Füllung geschichtet. Kunstvoll mit rosa- und cremefarbenen Buttercremestreifen verziert, vermag diese Torte bei jeder eleganten Feier zu überzeugen.

FÜR 1 TORTE, Ø 15 CM (FÜR 10 PERS.)

Für die Schoko-Likör-Frischkäse-Füllung

50 ml Baileys-Likör
½ TL flüssige Glukose
75 g dunkle Schokoladensplitter (53 % Kakaoanteil)
40 g Butter, weich
75 g Puderzucker, gesiebt
35 g Doppelrahmfrischkäse (möglichst Philadelphia)

Für den Likör-Zuckersirup

100 g Zucker
100 ml Wasser
50 ml Baileys-Likör

Für das Karamell-Buttermilch-Biskuit

90 g Butter
1 Prise Salz
200 g Zucker
120 g dunkelbrauner Zucker
1 TL Vanilleextrakt
3 Eier, Gr. M
225 g Mehl, gesiebt
190 ml Buttermilch
1 TL Weißweinessig
½ TL Natron
100 g frische oder TK-Brombeeren
1 Birne, geschält, entkernt, gewürfelt

Für die Baiser-Buttercreme

1 Schichttorten-Portion Baiser-Buttercreme (s. S. 176)
Lebensmittelfarbpaste in Fuchsia, Dunkelbraun (s. S. 182)

Für die Dekorationen

24 perlmutt-rosafarbene Schokoperlen (s. S. 182)
10 kleine Zuckerschneeflocken (fertig gekauft, s. S. 182; zum Selbermachen, s. S. 145)
rosafarbene, silberne und metallicfarbene Mini-Zuckerperlen (s. S. 182)

Utensilien (s. S. 164, Grundausstattung, und S. 182, Bezugsquellen)

3 flache Backformen, Ø 15 cm
Tortenunterlage, Ø 15 cm
Streifen-Tortenkamm
3 Spritzbeutel
Spritzbeutel mit kleiner Sterntülle

HERSTELLEN DER SCHOKO-LIKÖR-FRISCHKÄSE-FÜLLUNG

Den Likör und die Glukose in einem Topf erwärmen und fast zum Kochen bringen.

Die Schokoladensplitter in eine hitzebeständige Schüssel geben. Die heiße Likörmischung hinzugeben und gründlich verquirlen.

Die Masse mit Frischhaltefolie abdecken und auf Zimmertemperatur abkühlen lassen, bis sie weich gebunden ist.

Butter und Puderzucker in der Schüssel der Küchenmaschine blass und schaumig rühren.

In einer weiteren Schüssel den Frischkäse mit einem Teigspatel umrühren, damit er geschmeidiger wird. Zur Buttermischung geben und gut unterrühren.

Die abgekühlte, aber noch weiche Likör-Ganache in drei Portionen zum Frischkäse-Frosting geben, jede Portion gut unterrühren. Bis zur weiteren Verwendung kühl stellen.

HERSTELLEN DES LIKÖR-ZUCKERSIRUPS

Zucker und Wasser in einem kleinen Topf aufkochen und köcheln lassen, bis sich der Zucker aufgelöst hat. Den Topf vom Herd nehmen und den Sirup abkühlen lassen.

Den Likör in den abgekühlten Sirup einrühren.

BACKEN DER KARAMELL-BUTTERMILCH-BISKUITBÖDEN

Den Backofen auf 175 °C (Umluft) vorheizen. Die drei Backformen mit Öl einsprühen und mit Backpapier auslegen.

Butter, Salz, Zucker, braunen Zucker und Vanilleextrakt in der Schüssel der Küchenmaschine auf mittlerer bis hoher Stufe blass und schaumig rühren. Das braucht etwas Zeit, deshalb diesen Schritt zuerst ausführen, sodass ausreichend Luft in die Masse kommt.

In einer zweiten Schüssel die Eier leicht verquirlen und nach und nach unter Rühren auf mittlerer Stufe zur Buttermischung gießen. Es sollte sich alles gut verbinden; eventuell kurz warten, dann mehr hinzugeben und einrühren. Eier und Butter sollten zimmerwarm sein, damit sich der Teig nicht trennt. Sollte das passieren, 1 EL Mehl unterrühren, um den Teig zu binden, und erst dann weitere Eier hinzufügen.

Nun abwechselnd Mehl und Buttermilch portionsweise unter den Teig mischen und alles gut verrühren.

Essig und Natron in einer kleinen Schüssel verquirlen und sofort, wenn es aufsprudelt, in den Teig einrühren.

Den Teig gleichmäßig auf die Backformen verteilen.

Im vorgeheizten Ofen 30–35 Min. backen. Das Biskuit ist fertig, wenn sich die Ränder von der Form lösen und die Oberseite bei leichtem Druck zurückspringt.

Die Biskuitböden 10–15 Min. in den Formen abkühlen lassen.

Die abgekühlten Biskuitböden vorsichtig aus den Backformen heben. Dabei die Ränder nicht beschädigen und eventuell ein kleines Küchenmesser zu Hilfe nehmen. Die Biskuitböden auf einem Kuchengitter vollständig auskühlen lassen.

ZUSAMMENSETZEN UND DEKORIEREN DER TORTE

Falls nötig, die Likör-Frischkäse-Füllung mit einem Teigspatel umrühren, damit sie etwas geschmeidiger wird. Die Biskuitböden gemäß Anleitung zubereiten, bis der erste Boden auf die Tortenunterlage aufgelegt wird (s. S. 172). Etwa 4 gehäufte EL Baiser-Buttercreme in einen Spritzbeutel füllen und unten eine mittelgroße Spitze abschneiden. Am Rand des ersten Bodens einen 5 mm dicken Ring aufspritzen. Die Frischkäse-Füllung mit einem Löffel in dem Buttercremering verteilen. Die Torte weiter wie beschrieben zusammensetzen, mit einer Krümelschicht überziehen und kühl stellen. Dabei zwischen dem zweiten und dem dritten Biskuitboden einen weiteren Buttercremering aufspritzen und füllen.

Wenn die Krümelschicht fest ist, die Torte mit einer perfekt glatten und gleichmäßigen Buttercremeschicht überziehen. Dabei an den Seiten eine 5 mm dicke Schicht auftragen und diese so oft glatt streichen, bis sie perfekt ist.

Mit dem Streifen-Tortenkamm drei tiefe Rillen um die Seiten der Torte ziehen. Darauf achten, dass die Rillen glatt und fest sind und keine Luftbläschen haben. Wenn die Rillen noch nicht perfekt sind, noch einige Male mit dem Tortenkamm nachziehen.

Überschüssige Buttercreme auf der Oberseite der Torte mit einem Palettenmesser vom Rand zur Mitte hin verstreichen. Die Torte 20 Min. kühl stellen.

Nun 2–3 gehäufte EL Buttercreme in einen Spritzbeutel mit kleiner Sterntülle füllen und beiseitelegen: Damit werden die Rosetten aufgespritzt.

Die restliche Buttercreme in zwei Portionen teilen – die erste Portion soll doppelt so groß sein wie die zweite. Mit den Lebensmittelfarben die größere Portion hellrosa einfärben, die kleinere Portion hellbraun. Jede Farbe in einen Spritzbeutel füllen.

Die Torte aus dem Kühlschrank nehmen und auf den Drehteller setzen. Von der Spitze jedes Spritzbeutels 1 cm abschneiden und mit den verschiedenfarbigen Buttercremes die Rillen an den Seiten auffüllen – mit der rosafarbenen Buttercreme die obere und die untere Rille, mit der braunen Buttercreme die mittlere Rille. Die Buttercreme soll ein wenig herausquellen, damit sich keine Luftlöcher bilden.

Einen Metall-Seitenglätter in warmes Wasser tauchen und mit einem Tuch trocken reiben. Glätten Sie die Seiten damit und nehmen Sie überschüssige gefärbte Buttercreme ab. Dabei fest andrücken, damit die Streifen akkurat werden.

Spritzen Sie dann mit der ungefärbten Buttercreme in gleichmäßigem Abstand 10 gleichgroße Rosetten rund um den Tortenrand auf.

Nun noch auf jede Rosette eine große perlmutt-rosafarbene Schokoperle setzen und mit kleinen Zuckerschneeflocken und Mini-Zuckerperlen dekorieren.

Grundlagen: Utensilien & Grundrezepte

In diesem Kapitel finden Sie eine Reihe von Rezepten und Techniken, auf die im Buch immer wieder Bezug genommen wird.

Mein kinderleichter Zucker-Cookie-Teig ist die perfekte Keksunterlage für jede Art von Verzierung und kann nach Belieben aromatisiert werden. Ich verrate Ihnen außerdem mein Rezept für die Halb-und-Halb-Paste (eine festere Form der Zuckerpaste), die ich für viele Zuckerdekorationen in diesem Buch verwende.

Im Bereich Torten finden Sie hier mein bewährtes Chiffon-Biskuit-Rezept. Das Biskuit ist superleicht und luftig und passt sowohl zu feinen Baiser-Buttercremes als auch zu Fruchtpürees. Das Buttermilch-Biskuit ist eine äußerst praktische Grundlage für fast jedes Backwerk und gleichermaßen perfekt für Schichttorten wie für Cupcakes: Es ist saftig und weich und einfach zu backen.
Sie können beide Biskuits am Vortag backen und über Nacht in Frischhaltefolie gewickelt aufbewahren. Ich finde, dass der Geschmack dadurch noch intensiver und die Kruste noch etwas fester wird. Schritt für Schritt zeige ich Ihnen dann noch, wie eine Torte geschichtet und überzogen wird.

Mein simples Frischkäse-Frosting ist köstlich und eignet sich als Tortenfüllung genauso wie als Frosting für Cupcakes, ganz besonders aber für Schokoladen-, Red-Velvet- und Buttermilchtorten. Die Baiser-Buttercreme verwende ich für viele meiner Torten und Cupcakes; die wunderbar glatte Masse hält sich gut, auch bei Zimmertemperatur. Ihre Zubereitung verlangt etwas Übung und Geduld, und es ist ganz wichtig, dass alle Schritte und Anweisungen genau befolgt werden und die richtigen Utensilien genutzt werden. Am besten verwenden Sie die Baiser-Buttercreme, wenn sie ganz frisch zubereitet ist und noch nicht kühl gestellt war, denn dann wird der Überzug schön glänzend und glatt.

Und zuletzt die Baiser-Küsse: Sie werden aus einem herrlich festen und glänzenden Eischnee zubereitet, den Sie nach Belieben einfärben und aromatisieren können.

Wir freuen uns darauf, Ihre Kreationen zu sehen, und wenn Sie sie auf Instagram teilen mögen, versehen Sie sie doch mit @peggyporschenofficial.

Meine Grundausstattung

Wenn Sie genau wie ich das Backen und Dekorieren über alles lieben, ist die Grundausstattung das A und O, um wirklich professionelle Resultate zu erzielen. Wenn Sie in hochwertige Utensilien investieren, werden Sie nicht nur richtige Meisterwerke erschaffen, sondern auch jahrelang Freude an Ihren Hilfsmitteln haben. Sie können die Ausstattung mit der Zeit erweitern im Zuge der Rezepte, die Sie nach und nach angehen möchten. Für den Anfang finden Sie hier einige spezielle Utensilien, die ich regelmäßig benutze, sowie weitere nützliche Basics für die Küche.

ZUM BACKEN VON KUCHEN, TORTEN UND CUPCAKES

Küchenmaschine mit Rühr- und Quirlaufsatz

3 flache Backformen, Ø 15 cm – diese benutze ich für alle meine Schichttorten. Wenn Sie drei flache Formen benutzen statt einer hohen Form, backen Ihre Biskuitböden gleichmäßiger und bleiben saftig. Wird ein Biskuitboden in einer hohen Backform gebacken, trocknet er unter Umständen an den Rändern bereits aus, bevor die Mitte durchgebacken ist.

2 Backbleche

Backpapier

Ölsprüher

Frischhaltefolie

Küchentuch

2 Kuchengitter

mehrere Rührschüsseln

mehrere hohe Rührbecher

2 Muffinbleche mit je 12 Mulden

Teigspatel

Schneebesen

Küchenwaage (möglichst eine digitale, die in Grammschritten wiegt)

Messbecher und/oder Messlöffel

mehrere große und kleine Küchenmesser, mit glatten und mit gewellten Klingen

Schere

mehrere Töpfe

Pürierstab

Zucker- oder Konfitürenthermometer

Backpinsel

großer Teigroller

mehrere Vorratsbehälter

ZUM SCHICHTEN UND GLASIEREN VON TORTEN UND FÜR CUPCAKES

Drehteller (ich empfehle Ateco)

rutschfeste Matte (z.B. von Ateco oder Nisbets)

Tortenblech (z. B. herausnehmbarer Boden einer Backform, Ø 30 cm)

Tortenunterlage (Cakeboard)

großes Palettenmesser

Tortenschneider

Lineal

Seitenglätter (möglichst aus Metall)

Buttercreme-Tortenkamm

großer Spritzbeutel (aus Stoff oder Kunststoff, Letztere möglichst biologisch abbaubar)

mehrere kleine und große Loch- und Sterntüllen

Melonen- oder Apfelausstecher

ZUM DEKORIEREN VON COOKIES UND FÜR ZUCKERDEKORATIONEN

kleiner Teigroller

Antihaft-Brett (und Antirutschunterlage)

mehrere Ausstecher und Silikonformen

Farbmischpalette

Mini-Palettenmesser

mehrere Künstlerpinsel in verschiedenen Größen; Borsten- und Aquarellpinsel

Papierspritzbeutel aus gewachstem Backpapier (ersatzweise ein kleiner aus Kunststoff mit kleiner Lochtülle)

Pinzette

Cocktailspieße (Zahnstocher)

Mein Zucker-Cookie-Teig

FÜR 10–12 GROSSE COOKIES

200 g Butter, weich
200 g Zucker
Aroma nach Belieben oder wie im Rezept angegeben
1 Prise Salz
1 Ei, Gr. M, zimmerwarm
400 g Mehl + etwas zum Bestäuben

Utensilien (s. S. 164, Grundausstattung, und S. 182, Bezugsquellen)
Cookie-Ausstecher

Butter, Zucker, Aroma und Salz in der Schüssel der Küchenmaschine blass und schaumig rühren.

Das Ei leicht verquirlen und unter ständigem Rühren unter die Buttermasse schlagen, bis sich alles gut vermengt hat.

Das Mehl hineinsieben und rühren, bis sich alles gerade vermischt hat.

Zu einer Kugel formen, in Frischhaltefolie wickeln und mindestens 30 Min. kühl stellen.

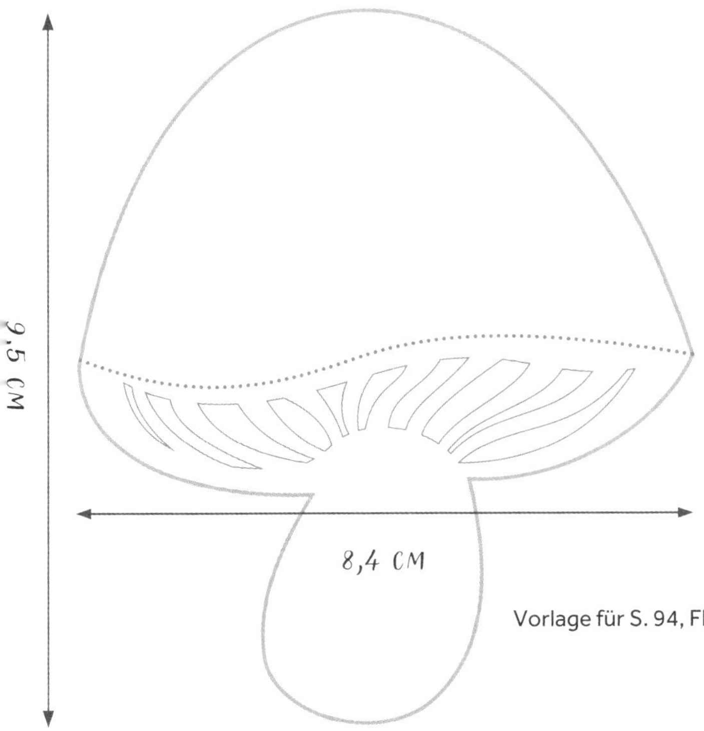

Vorlage für S. 94, Fliegenpilz-Cookies

BACKEN DER COOKIES

Den Backofen auf 175 °C (Umluft) vorheizen und zwei Backbleche mit Backpapier auslegen.

Den gekühlten Teig auswickeln und kurz durchkneten, damit er geschmeidig wird.

Auf eine bemehlte Arbeitsfläche legen und in der im Rezept angegebenen Dicke ausrollen.

Mit einem Cookie-Ausstecher die gewünschten Formen ausstechen und diese mit jeweils 1 cm Abstand auf die vorbereiteten Backbleche legen. Das Backpapier sollte ganz glatt liegen und an den Rändern beschwert werden, da die Cookies bei Umluft gebacken werden und sie sonst vom Blech abgehoben werden könnten.
Die Teigreste zusammennehmen, nochmals ausrollen und weitere Formen ausstechen, aber diesen Schritt nicht zu oft wiederholen, sonst wird der Teig zu fest.
Die Cookies auf den Backblechen 10 Min. kühl stellen.

Im vorgeheizten Ofen 8–12 Min. backen, dabei die Backbleche einmal drehen, damit die Cookies gleichmäßig backen. Sie sollten schön goldbraun aus dem Ofen kommen und bei leichtem Druck noch etwas zurückspringen. Die Cookies auf den Blechen abkühlen lassen.

Meine Halb-und-Halb-Paste

Die Halb-und-Halb-Paste besteht zu gleichen Teilen aus Zuckerpaste (auch Fondant genannt) und Zuckerblütenpaste (auch Gumpaste oder Blütenpaste genannt). Zuckerpaste wird meist verwendet, um Torten zu überziehen, denn sie bleibt weich und kann geschnitten werden. Zuckerblütenpaste hingegen wird fest, wenn sie trocken ist. Wenn Sie beide Pasten mischen, erhalten Sie eine weiche, formbare Paste, die sich beim Bearbeiten nicht allzu sehr ausdehnt und auch getrocknet noch weich genug ist. Das macht sie perfekt zum Glasieren von Cookies. Die angegebene Menge reicht meist zum Glasieren aller Cookies aus einem Rezept in diesem Buch. Für mehr oder weniger Cookies einfach die Mengen anpassen, dabei aber immer jede Paste zu gleichen Teilen verwenden.

300 g Zuckerblütenpaste, weiß
Pflanzenfett, weiß
300 g Zuckerpaste, weiß
Lebensmittelfarbpaste nach Belieben oder Rezept

Die Zuckerblütenpaste auspacken und auf trockene oder krümelige Stellen kontrollieren; diese mit einem Messer entfernen, damit sie nicht mit der Paste vermischt werden und die ganze Portion ruinieren.

Die Zuckerblütenpaste mit ein wenig Pflanzenfett vermischen, bis sie nicht mehr klebrig, sondern geschmeidig und formbar ist.

Die Zuckerblütenpaste in Frischhaltefolie wickeln – dabei schnell sein, denn sie härtet an der Luft schnell aus – und beiseitelegen.

Für die Zuckerpaste die ersten beiden Schritte wiederholen.

Dann die Zuckerblütenpaste auspacken und mit der Zuckerpaste zu einer glatten und geschmeidigen Paste verrühren, die weich und elastisch ist.

Wenn Sie Lebensmittelfarbe verwenden möchten, färben Sie zunächst eine kleine Menge der Halb-und-Halb-Paste gleichmäßig ein und etwas dunkler, als der Farbton am Ende werden soll. Dann in kleinen Portionen wieder zum Rest hinzufügen, bis der gewünschte Farbton erreicht ist. Pastenfarben werden mit der Zeit immer etwas dunkler, deshalb ist es empfehlenswert, einen etwas helleren Farbton als gewünscht zu mischen und die Paste 30 Min. ruhen zu lassen. Ist sie dann noch zu blass, weitere kleine Portionen der dunkel gefärbten Paste einarbeiten.

Die fertig eingefärbte Paste in Frischhaltefolie wickeln und 10 Min. fester werden lassen.

TIPPS

Die Paste immer mit Frischhaltefolie abdecken, denn sie trocknet schnell aus. Angetrocknete Krümel direkt entfernen, sonst wird die Gesamtmasse klumpig. Zur längeren Aufbewahrung wickeln Sie die Paste in Frischhaltefolie ein und geben sie dann in einen luftdicht verschließbaren Behälter oder in einen robusten Gefrierbeutel.

Die Zuckerblütenpaste nicht zu lange kneten, sonst machen die Fettsäuren aus der Haut sie nach einiger Zeit brüchig und hart. Um das zu verhindern, tragen Sie bei der Verarbeitung dünne Gummihandschuhe.

Wenn die Hände warm sind und die Paste beim Kneten klebrig wird, arbeiten Sie auf einer kühlen Marmor- oder Granitarbeitsfläche weiter. Die Hände können auch mit wenig Speisestärke bestaubt werden, allerdings macht zu viel Stärke die Paste ebenfalls spröde.

Mein Royal Icing

500 g Puderzucker, gesiebt
2 Eiweiß
1 Spritzer Zitronensaft nach Belieben
Lebensmittelfarbpaste nach Belieben oder Rezept

Den Puderzucker in die vollkommen saubere, fettfreie Schüssel der Küchenmaschine geben.

In einer zweiten Schüssel die Eiweiße leicht verquirlen und drei Viertel davon zum Puderzucker geben. Auf niedriger Stufe schlagen, bis sich alles vermischt hat. Mit einem Teigspatel Reste vom Boden und von den Seiten der Schüssel abkratzen und mit untermischen. Säubern Sie den Spatel nach jedem Gebrauch, damit die Glasur nicht von trockenen Stücken verunreinigt wird.

Den Zitronensaft hinzufügen, falls verwendet, und auf niedrigster Stufe noch 2 Min. weitermixen. Sollte die Masse zu trocken und körnig geworden sein, mischen Sie noch etwas Eiweiß unter, bis die Glasur rundum glatt, aber nicht feucht aussieht. Die Seiten und den Boden der Schüssel nochmals auskratzen und weitere 5 Min. schlagen, bis das Royal Icing steife Spitzen bildet und beim Rühren ein „platschendes" Geräusch zu hören ist.

Hören Sie dann auf zu rühren und tauchen Sie den Spatel tief in die Glasur. Hochheben und oben halten: Wenn die steifen Spitzen erhalten bleiben, ist die Glasur fertig.

Füllen Sie das Royal Icing in einen sauberen, trockenen Vorratsbehälter um (angetrocknete Krümel vom Rühraufsatz oder dem Schüsselrand nicht hinzufügen!) und legen Sie ein feuchtes (aber nicht nasses) Tuch darauf. Mit einem Deckel oder mit Frischhaltefolie abdecken. Das Royal Icing hält sich bis zu 1 Woche bei Zimmertemperatur. Eiweiß und Puderzucker können sich eventuell trennen – dann einfach die Glasur in der Küchenmaschine erneut einige Minuten auf niedriger Stufe schlagen.

FÄRBEN DES ROYAL ICING

Zunächst 1 EL Royal Icing in eine Schüssel füllen. Mit einem Cocktailspieß (oder einem Zahnstocher) wenig Lebensmittelpaste hinzufügen.

Vermischen Sie die Paste mithilfe eines kleinen Palettenmessers mit der Glasur, bis sich alle Farbsprenkel darin aufgelöst haben: Wird die Farbpaste nicht gleichmäßig untergearbeitet, kann sie ausbluten. Färben Sie die Glasur dunkler ein als gewünscht.

Solange das gefärbte Royal Icing in kleinen Portionen wieder zur weißen Masse geben und gut vermischen, bis der gewünschte Farbton erreicht ist.

Achtung: Immer zuerst das Royal Icing einfärben und erst dann Wasser hinzufügen, um die Konsistenz anzupassen.

ANPASSEN DER KONSISTENZ

Im Buch beziehe ich mich auf zwei Konsistenzen: cremig zum Spritzen von Linien und Details, flüssig zum „Ausmalen" größerer Flächen.

Für eine cremige Konsistenz
Die benötigte Menge Royal Icing in eine kleine Schüssel füllen. Ein kleines Palettenmesser in Wasser tauchen und durch das Royal Icing ziehen. Nach und nach tropfenweise Wasser hinzufügen und weiterhin das Messer durchziehen, bis das Royal Icing glänzt und die Spitzen umfallen. Die Konsistenz sollte an Zahnpasta erinnern.

Für eine flüssige Konsistenz
Zunächst der Anleitung für eine cremige Konsistenz folgen und dann weiter Wasser hinzufügen, bis das Royal Icing zusammenfließt und flach wird; das dauert etwa 4–6 Sek.

Papierspritzbeutel

Für jeden Bäcker oder Konditor ist es äußerst lehrreich, einmal einen Papierspritzbeutel selber herzustellen. Ich benutze diese Beutel beispielsweise, um kleine Details aus Royal Icing auf Cookies zu spritzen. Wenn Sie zum ersten Mal einen Papierspritzbeutel selber machen, dann brauchen Sie vielleicht etwas Übung, aber Sie sollten nicht gleich aufgeben, denn das Ergebnis lohnt die Mühe. Achten Sie darauf, dass Ihre Schere scharf ist und die Papierkanten beim Schneiden nicht ausfransen, denn sonst könnte sich die Glasur beim Aufspritzen kringeln.

gewachstes, fettabweisendes Backpapier
Schere

Ein rechteckiges Stück Backpapier (ca. 30 x 45 cm) diagonal durchschneiden, von einer Ecke zur ihr gegenüberliegenden. Der Schnitt wird sauberer, wenn die Schere ohne Absetzen „durch das Papier geschoben" wird statt mit kleinen Schnitten oder mit einem Messer zu arbeiten. Mit einer scharfen Papierkante wird auch die Spitze zum Aufspritzen scharfkantiger.

Sie haben nun 2 Papierdreiecke vor sich, jeweils mit einer langen, einer kurzen und einer rechtwinkligen Seite.

Eines der Dreiecke mit einer Hand an der rechtwinkligen Seite festhalten. Mit der anderen Hand die kurze Seite zur rechtwinkligen Seite hin ziehen, dabei das Papier nach innen drehen, sodass sich ein lockerer Kegel formt. Nun beide Papierecken mit einer Hand festhalten.

Mit der anderen Hand greifen Sie die lange Ecke und wickeln sie zweimal um den Kegel. Wenn das Papier zum zweiten Mal herumgewickelt wird, trifft die dritte Ecke mit den anderen beiden Ecken zusammen. Dadurch zieht sich der Kegel zusammen und die Spitze schließt sich. Sollte sie sich nicht vollständig schließen, mit den Händen alle drei Ecken hin und her bewegen, bis der Kegel unten spitz zuläuft.

Ist die Spitze geschlossen, alle drei Ecken am offenen unteren Kegelende zweimal nach innen falten, um ein Aufrollen zu verhindern.

Falten Sie so viele Spritzbeutel, wie Sie benötigen. Füllen Sie den Beutel immer nur zur Hälfte, da der Inhalt sonst beim Drücken herausquellen kann. Wenn er halb gefüllt ist, das offene Ende flach drücken, dabei darauf achten, dass die Papiernaht mittig auf einer Seite liegt. Den oberen Papierrand zu der Seite mit Naht hin umfalten und noch weiter nach unten, bis sich der Beutel prall anfühlt. Dadurch entsteht Spannung, die das Spritzen einfacher macht.

Kurz vor dem Spritzen die Spitze des gefüllten Beutels abschneiden. Der Beutel muss fest verschlossen sein, wenn das Royal Icing herausgedrückt wird. So bleibt die Spannung auf dem Beutel und das Royal Icing kann nicht nach oben herausquellen. Gefüllte Spritzbeutel in einem Plastikbeutel oder in Frischhaltefolie aufbewahren, damit die Füllung nicht austrocknet.

PEGGY PORSCHEN®

Mein Buttermilch-Biskuit

FÜR 1 SCHICHTTORTE, Ø 15 CM, ODER 24 CUPCAKES

Für eine Schichttorte

65 g Butter
65 g Butter, gesalzen
330 g Zucker
1 Ei, Gr. L
300 g Mehl, gesiebt
300 ml Buttermilch
Aroma nach Belieben oder Rezept
1½ TL Natron
1½ TL Weißweinessig
Zuckersirup nach Belieben oder Rezept

Utensilien (s. S. 164, Grundausstattung, und S. 182, Bezugsquellen)

3 flache Backformen, Ø 15 cm
Ölsprüher

Für Cupcakes

85 g Butter
85 g Butter, gesalzen
440 g Zucker
2 Eier, Gr. S
400 g Mehl, gesiebt
400 ml Buttermilch
Aroma nach Belieben oder Rezept
2 TL Natron
2 TL Weißweinessig
Zuckersirup nach Belieben oder Rezept

Utensilien (s. S. 164, Grundausstattung, und S. 182, Bezugsquellen)

2 Muffinbleche mit je 12 Mulden
24 Papierförmchen

Den Backofen auf 175 °C (Umluft) vorheizen. Für eine Schichttorte die drei Backformen mit Öl einsprühen und mit Backpapier auslegen. Für Cupcakes die Mulden der Muffinbleche mit den Papierförmchen auslegen.

Butter, gesalzene Butter und Zucker in der Schüssel der Küchenmaschine auf mittlerer bis hoher Stufe blass und schaumig rühren. Das braucht etwas Zeit, deshalb diesen Schritt zuerst ausführen, sodass ausreichend Luft in die Masse kommt.

In einer zweiten Schüssel die Eier leicht verquirlen und dann nach und nach langsam auf mittlerer Stufe in die Buttermischung einrühren. Es sollte sich alles gut verbinden; eventuell kurz warten, dann mehr hinzugeben und einrühren. Eier und Butter sollten zimmerwarm sein, damit sich der Teig nicht trennt. Sollte das passieren, 1 EL Mehl hinzufügen, um den Teig zu binden, und erst dann weitere Eimasse hinzufügen.

Nun abwechselnd Mehl und Buttermilch portionsweise unter den Teig mischen und alles gut verrühren. Nach Belieben das Aroma einrühren.

Essig und Natron in einer kleinen Schüssel verquirlen und sofort, wenn es aufsprudelt, unter den Teig rühren.

Für eine Schichttorte den Teig gleichmäßig auf die drei Backformen verteilen. Für Cupcakes den Teig in einen großen Spritzbeutel füllen und die Spitze unten 2,5 cm abschneiden. Den Teig so in die Papierförmchen spritzen, dass jedes zu zwei Dritteln gefüllt ist.

Im vorgeheizten Ofen die Tortenböden 30–35 Min. backen, die Cupcakes 15 Min. Das Biskuit ist fertig gebacken, wenn es goldbraun ist und die Oberseite bei leichtem Druck zurückspringt.

Die Tortenböden einige Minuten in den Backformen bzw. die Cupcakes in ihren Förmchen abkühlen lassen. Dann die noch warmen Oberseiten mit Zuckersirup bestreichen: So kann das Biskuit die Feuchtigkeit und den Geschmack aufnehmen und es bildet sich keine trockene Kruste. Für die Schichttorte, falls im Rezept angegeben, den restlichen Zuckersirup zum Schichten aufbewahren.

Die abgekühlten Tortenböden vorsichtig aus den Backformen bzw. die Cupcakes aus den Mulden heben. Bei den Tortenböden die Ränder nicht beschädigen und eventuell ein kleines Küchenmesser zu Hilfe nehmen. Bei den Cupcakes die Unterseiten mit einem feuchten Tuch abwischen, falls sie vom Sirup klebrig sind. Das Biskuit auf einem Kuchengitter vollständig auskühlen lassen.

Mein Chiffon-Biskuit

FÜR 3 BISKUITBÖDEN, Ø 15 CM

105 g Eigelb (von ca. 6 Eiern)
300 g Zucker
Aroma nach Belieben oder Rezept
100 ml Sonnenblumenöl
300 g Mehl
4 TL Backpulver
220 g Eiweiß (von ca. 7 Eiern)
160 ml Milch

Utensilien (s. S. 164, Grundausstattung, und S. 182, Bezugsquellen)

3 flache Backformen, Ø 15 cm
Ölsprüher

Den Backofen auf 175 °C (Umluft) vorheizen. Die drei Backformen mit Öl einsprühen und mit Backpapier auslegen.

Eigelb, Zucker und Aroma in der Schüssel der Küchenmaschine auf mittlerer bis hoher Stufe blass und schaumig rühren.

Unter ständigem Rühren nach und nach das Sonnenblumenöl hinzugeben.

Mehl und Backpulver mischen und in die Schüssel sieben.

Eiweiß in einer zweiten Rührschüssel mit dem Quirlaufsatz auf mittlerer Stufe steif schlagen.

Nun abwechselnd Mehl und Milch portionsweise unter die Eigelb-Zucker-Masse mischen und alles gut verrühren.

Den Eischnee vorsichtig unterheben, dabei sollte der Teig seine Luftigkeit nicht verlieren.

Den Teig gleichmäßig so auf die drei Backformen verteilen, dass jede nur zu höchstens drei Vierteln gefüllt ist.

Die Tortenböden im vorgeheizten Ofen 20–30 Min. goldgelb backen. Das Biskuit ist fertig, wenn sich die Ränder von der Backform lösen und die Oberseite bei leichtem Druck zurückspringt. Beim Backen geht das Biskuit hoch auf, es sinkt aber wieder zusammen, wenn es abgekühlt ist.

Die Backformen auf ein mit Backpapier ausgelegtes Backblech stürzen und noch 20 Min. so abkühlen lassen. Dadurch sinkt das Biskuit in der Mitte nicht so stark ein, und Höhe und Textur bleiben gleichmäßig.

Die leicht abgekühlten Biskuitböden vorsichtig aus den Backformen heben. Dabei die Ränder nicht beschädigen und eventuell ein kleines Küchenmesser zu Hilfe nehmen. Auf einem Kuchengitter vollständig auskühlen lassen.

Zusammensetzen von Torten

SCHICHT ÜBERZIEHEN

3 Biskuitböden
Zuckersirup nach Belieben oder Rezept
Tortenfüllung nach Belieben oder Rezept
Buttercreme oder Frosting, zimmerwarm

Utensilien (s. S. 164, Grundausstattung, und S. 182, Bezugsquellen)

Tortenschneider oder langes Messer mit Wellenschliff
Lineal
Tortenblech (etwas größer als die Tortenunterlage)
Drehteller
Antirutschmatte
wiederverwendbare Tortenunterlage, Ø 15 cm
großes Palettenmesser
glatter Seitenglätter (möglichst aus Metall)
hoher Rührbecher
Küchentuch

Zu dieser Anleitung gehören die Schritt-für-Schritt-Fotos auf S. 174/175.

Legen Sie zunächst alle Utensilien bereit und räumen Sie die Arbeitsfläche frei.

Nun mit einem Tortenschneider die Oberseiten der Biskuitböden dünn abschneiden. Jeder Boden sollte gleich hoch sein, ca. 2,5 cm. Bei einem Tortenschneider kann die Höhe des Drahtes mit einem Lineal eingestellt werden.

Von einem der Böden zusätzlich die Unterseite dünn abschneiden – das wird die mittlere Schicht.

Das Tortenblech auf den Drehteller legen. Falls der Drehteller keine Antirutsch-Oberseite hat, ein dünnes Küchentuch anfeuchten und zwischen Drehteller und Tortenblech legen.

Eine Antirutschmatte auf das Tortenblech legen, dann die Tortenunterlage auflegen. Alternativ einen Klecks Buttercreme in der Mitte des Tortenblechs verstreichen, die Tortenunterlage auflegen und alles einige Minuten kühl stellen, damit die Buttercreme fest wird.

Eine dünne Schicht Buttercreme auf der Tortenunterlage verstreichen und den ersten Biskuitboden mit der Krustenseite nach unten auflegen.

Das Biskuit mit Zuckersirup bestreichen, falls im Rezept angegeben.

Mit einem Palettenmesser je nach Rezept eine Schicht Tortenfüllung oder Buttercreme gleichmäßig 5 mm dick auf dem Boden verstreichen oder so viel und so dick auftragen, wie angegeben.

Als mittlere Schicht nun den Biskuitboden auflegen, der zuvor an beiden Seiten abgeschnitten wurde. Auch diesen mit Sirup beträufeln, falls angegeben, und mit Tortenfüllung oder Buttercreme bestreichen.

Legen Sie dann den letzten Biskuitboden auf, diesmal mit der Krustenseite nach oben, und beträufeln Sie die Oberseite mit Sirup, falls angegeben.

Kontrollieren Sie, ob alle Biskuitböden genau übereinanderliegen und die Oberseite eben aufliegt. Buttercremereste, die an den Seiten herausquellen, mit einem Palettenmesser glatt verstreichen. Falls die Biskuitböden und die Tortenfüllung sehr weich sind und verrutschen, die Torte (auf dem Tortenblech) 20 Min. im Kühlschrank fest werden lassen, bevor Sie die Krümelschicht auftragen.

Für die Krümelschicht etwa 2–3 gehäufte EL Buttercreme auf die Torte geben und von der Tortenmitte aus zu den Rändern hin verstreichen, bis die Oberseite gleichmäßig bedeckt und plan ist.

An den Seiten noch mehr Buttercreme aufbringen und verstreichen, bis auch diese vollständig bedeckt sind. Die Creme mit dem Seitenglätter glatt ziehen. Dazu den Seitenglätter zuerst senkrecht an der Torte anlegen und dann in einem 45-Grad-Winkel in einer durchgehenden Bewegung um die Torte herumziehen. Den Drehteller dabei in die entgegengesetzte Richtung drehen!

Überschüssige Buttercreme auf der Oberseite der Torte mit Palettenmesser oder Seitenglätter vom Rand zur Mitte hin verstreichen.

Diese erste Buttercremeschicht wird Krümelschicht genannt, denn sie soll die Krümel fixieren und für eine stabile Grundform sorgen. Sie muss nicht perfekt glatt sein und es ist völlig okay, wenn an ein paar Stellen noch Tortenboden durch die Buttercreme hindurchscheint.

Die Torte (mit dem Tortenblech) erneut kühl stellen, bis die Krümelschicht fest geworden ist (ca. 30 Min.).

Wiederholen Sie, falls im Rezept nicht anders angegeben, die Schritte für die Krümelschicht und überziehen Sie die Torte erneut mit Buttercreme. Achten Sie aber dieses Mal darauf, dass die Schicht perfekt glatt und gleichmäßig wird. Noch einmal kühl stellen, bis die Buttercreme fest geworden ist.

TIPPS

Es ist immer praktisch, einen hohen Rührbecher mit heißem Wasser und ein Küchentuch parat zu haben: Wenn Sie das Palettenmesser oder den Seitenglätter zwischendurch hierin eintauchen und säubern, bleibt die Buttercreme schön glatt.

Zum Servieren empfehle ich, die Torte je nach Zimmertemperatur 30–60 Min. vor dem Verzehr aus dem Kühlschrank zu nehmen: Eine kalte Torte kann trocken schmecken und die Aromen kommen weniger gut durch.

Zum Anschneiden ein langes Küchenmesser mit glatter Klinge benutzen. Dieses immer wieder kurz in heißes Wasser tauchen und abtrocknen vor dem Weiterschneiden.

PEGGY PORSCHEN

PEGGY PORSCHEN

PEGGY PORSCHEN

PEGGY PORSCHEN

PEGGY PORSCHEN

Meine Baiser-Buttercreme

FÜR 1 SCHICHTTORTE, Ø 15 CM, ODER FÜR 24 CUPCAKES

Für eine Schichttorte
270 g Zucker
65 ml Wasser
150 g Eiweiß (von ca. 5 Eiern)
340 g Butter, gewürfelt, weich
Aroma, z. B. Fruchtpüree oder Karamell, nach Belieben oder Rezept

Für Cupcakes
430 g Zucker
100 ml Wasser
240 g Eiweiß (von ca. 8 Eiern)
540 g Butter, gewürfelt, weich
Aroma, z. B. Fruchtpüree oder Karamell, nach Belieben oder Rezept

Zucker und Wasser in einem kleinen Topf aufkochen, dabei gelegentlich umrühren. Ein Zuckerthermometer in den Topf stellen.

Eiweiß in die saubere, fettfreie Schüssel der Küchenmaschine geben. Den Quirlaufsatz bereitlegen und ebenfalls sehr gründlich säubern: Bei Fettresten wird der Eischnee nicht steif.

Sobald der Zuckersirup eine Temperatur von 116 °C erreicht hat, das Eiweiß auf niedrigster Stufe zu steifen Spitzen schlagen.

Sobald der Zuckersirup auf 121 °C erhitzt ist, den Topf vom Herd nehmen.

Langsam den heißen Sirup in einem dünnen, gleichmäßigen Strahl in den Eischnee gießen, dabei auf niedriger bis mittlerer Stufe weiterschlagen. Ist der Sirup vollständig hinzugegeben, auf hoher Stufe weiterschlagen, bis die Mischung nur noch lauwarm und die Baiser-Masse steif und luftig ist.

Mische Sie nun unter ständigem Rühren nach und nach die Butterwürfel unter das Baiser. Die Creme sollte glatt und glänzend sein. Wenn es aussieht, als würde sie sich trennen, einfach weiterschlagen: Es dauert ein wenig, bis sich alles verbunden hat.

Nach Belieben das Aroma hinzufügen und gut untermischen.

Wird die Baiser-Buttercreme nicht direkt verwendet, füllen Sie sie in einen luftdicht verschließbaren Behälter oder in eine Schüssel, die Sie mit Frischhaltefolie abdecken. Im Kühlschrank hält sich die Creme bis zu 1 Woche.

Zum Schichten und Aufspritzen sollte die Buttercreme schön glatt sein. Deshalb vor der Verwendung in der Mikrowelle in kurzen Intervallen von 10 Sek. erwärmen und zwischendurch mit einem Schneebesen erneut glatt verschlagen.

PROBLEME BEHEBEN

Wenn die Buttercreme sich trennt, ist die Butter entweder zu kalt oder zu warm.

Bei zu kalter Butter erwärmen Sie mit einem Flambierbrenner oder in einem Wasserbad die Schüssel mit der Buttercreme von außen. So gleicht sich die Temperatur von Baiser und Butter an und beides verbindet sich wieder.

Wenn die Butter zu warm ist, die Schüssel einige Minuten in den Kühlschrank oder Tiefkühler stellen, damit die Buttercreme fester wird. Anschließend weiterschlagen. Nun sollte sich beides gut verbinden.

Achtung: Während die Butter hinzugefügt wird, kann die Masse zwischendurch aussehen, als würde sie sich trennen. Aber keine Sorge, das ist nur das Fett, das sich mit dem Baiser zu einer Emulsion verbindet und so die glatte, glänzende Buttercreme ergibt. Einfach immer weiterschlagen!

Mein Frischkäse-Frosting

ERGIBT 1,2 KG FROSTING-MASSE, Z.B. FÜR 24 CUPCAKES

270 g Doppelrahmfrischkäse (möglichst Philadelphia)
300 g Butter, weich
650 g Puderzucker, gesiebt
Aroma nach Belieben oder Rezept
Lebensmittelfarbe nach Belieben oder Rezept

Frischkäse in der Schüssel der Küchenmaschine cremig rühren.

In einer zweiten Schüssel Butter und Puderzucker blass und schaumig rühren.

Den Frischkäse portionsweise zur Buttermischung geben und schlagen, bis sich alles gut vermischt hat.

Nach Belieben das Aroma hinzufügen und alles gut vermischen.

Wird Lebensmittelfarbe verwendet, rühren Sie eine kleine Menge davon in 1 EL Frosting ein, um einen dunkleren Farbton zu erzielen als benötigt. Mit einem Palettenmesser gut verrühren, bis sich alle Farbsprenkel aufgelöst haben.

Dann das gefärbte Frosting in kleinen Portionen wieder zur weißen Masse geben, bis der gewünschte Farbton erreicht ist.

Das Frosting mit einem Deckel oder mit Frischhaltefolie abdecken und kühl stellen, bis es fest ist.

Requisiten finden und sammeln

Meine liebsten Deko-Objekte sind meine „Requisiten", wie ich sie nenne. Ich glaube, eine Sammelleidenschaft für solche Dinge entwickelt sich nach und nach. Mein Mann Bryn nennt mich eine „Hamsterin", aber ich liebe es einfach, eine Sammlung an Schätzen anzulegen, die sich irgendwann einmal als nützlich erweisen. Zum Beispiel habe ich ein Faible für alte Tortenplatten und altes Besteck, und ich bin verrückt nach kleinen Ornamenten, Schleifenbändern und schönen Stoffen.

Wenn Sie eine eigene Sammlung zusammenstellen wollen, denken Sie wie eine Elster und halten Sie die Augen offen. Vielleicht entdeckt man ein filigranes Muster auf einer Tischdecke, oder eine Teetasse inspiriert zu einem neuen Kuchendesign oder zu einer saisonalen Kollektion. Ich habe große Freude daran, an allen möglichen Orten der Welt Antiquitäten- und Second-Hand-Läden oder Antikmessen zu durchstöbern. Mein Rat für Sie: Haben Sie immer alle Jahreszeiten im Kopf, wenn Sie etwas suchen, unabhängig von der gerade aktuellen Saison.

Fruchtpüree

Fruchtpürees ergeben köstliche Tortenfüllungen oder Aromatisierungen für Buttercremes. Sie können frische oder tiefgekühlte Früchte verwenden, obgleich frische Früchte mehr Geschmack haben, leuchtender in der Farbe sind und weniger Wasser enthalten. Stängel, Steine und Kerne immer entfernen, bevor abgewogen wird, und das Obst vor dem Kochen gründlich waschen. Ich empfehle ein feinmaschiges Sieb und einen Gummispatel, um Pürees mit der Hand zubereiten. Damit das Püree die richtige Konsistenz bekommt, müssen Sie die breiige Masse mit den Fruchtstückchen (die Pulpe) gründlich entfernen, und das geht am einfachsten mit einem Gummispatel. Die folgende Übersicht fasst die Mengenverhältnisse und Konsistenzen für die in diesem Buch verwendeten Fruchtpürees zusammen.

Püree aus Erdbeeren, Himbeeren und Brombeeren

Verhältnis: Die doppelte Menge an Früchten wie das Gewicht des Pürees. Für 100 g Püree müssen Sie also 200 g Früchte kochen.
Konsistenz: Sollte den Löffelrücken überziehen wie flüssiger Honig.

Püree aus Heidelbeeren

Verhältnis: 30 % mehr Früchte als das Gewicht des Pürees. Für 100 g Püree müssen Sie also 130 g Früchte kochen.
Konsistenz: Dicker als Himbeerpüree, ähnlich einem homogenen Apfelmus.

Püree aus Kirschen

Verhältnis: Dreimal so viele Früchte wie das Gewicht des Pürees. Für 100 g Püree müssen Sie also 300 g Früchte kochen.
Konsistenz: Zunächst flüssig; dann die Fruchtstückchen entfernen und weitere 15 Min. kochen, bis die Flüssigkeit reduziert ist und die Konsistenz zwischen der von flüssigem Honig und Apfelmus liegt.

Die Früchte waschen, Steine, Kerne und Stiele entfernen.

Schneiden Sie das Obst klein und geben Sie es mit 1 EL Wasser in einen Topf. Den Deckel aufsetzen.

Langsam aufkochen, dabei gelegentlich umrühren, und köcheln lassen, bis die Früchte zu Mus zerkocht sind.

Den Topf vom Herd nehmen und das Mus kurz abkühlen lassen.

Pürieren Sie das Mus oder zerdrücken Sie es weiter mit einer Gabel, sodass ein dickes Püree entsteht.

Das Püree dann mithilfe eines Gummispatels durch ein feinmaschiges Sieb passieren, um feine Kerne und Stückchen zu entfernen. Kontrollieren, ob die gesamte Pulpe durchgedrückt wurde, und Reste von der Rückseite des Siebes abkratzen.

Wiegen Sie das Püree nun, um zu sehen, ob die benötigte Menge erreicht ist, und kontrollieren Sie die Konsistenz. Wenn das Püree zu flüssig ist, kochen Sie es einfach etwas länger und reduzieren Sie es so weiter.

Vollständig auskühlen lassen.

Meine Baiser-Küsse

FÜR 40–50 STÜCK, JE NACH GRÖSSE

100 g Eiweiß (von ca. 3 Eiern)
100 g Zucker
100 g Puderzucker, gesiebt
Aroma nach Belieben oder Rezept
Lebensmittelfarbe nach Belieben oder Rezept

Utensilien (s. S. 164, Grundausstattung, und S. 182, Bezugsquellen)
großer Spritzbeutel mit entsprechender Spritztülle

Den Backofen auf 80 °C (Umluft) vorheizen und zwei Backbleche mit Backpapier auslegen.

Eiweiß und Zucker in der hitzebeständigen Metall- oder Glasschüssel der Küchenmaschine mit dem Quirlaufsatz schlagen. Über einem Wasserbad weiterschlagen, bis das Baiser weiß und luftig ist und die Temperatur bei 55 °C liegt (mit dem Zuckerthermometer kontrollieren).

Die Masse in die Rührschüssel der Küchenmaschine füllen und mit dem Quirlaufsatz auf mittlerer Stufe schlagen, bis das Baiser abgekühlt ist.

Ist das Baiser kalt, fügen Sie nach und nach den Puderzucker hinzu und schlagen Sie weiter, bis die Masse steif ist. An dieser Stelle nach Belieben das Aroma untermischen.

Wird Lebensmittelfarbe verwendet, rühren Sie eine kleine Menge davon in 1 EL Baiser ein, um einen dunkleren Farbton zu erzielen, als benötigt. Mit einem Palettenmesser gut verrühren, bis sich alle Farbsprenkel aufgelöst haben.

Dann die gefärbte Masse in kleinen Portionen wieder zur weißen Masse geben, bis der gewünschte Farbton erreicht ist.

Für die Baiser-Küsse die Masse in einen großen Spritzbeutel mit Loch- oder Sterntülle füllen. Setzen Sie damit zunächst Baiser-Tupfen in jede Ecke des Backblechs und fixieren Sie so das Backpapier, damit es beim Backen nicht angehoben wird.

Die Baiser-Küsse mit jeweils mindestens 1 cm Abstand auf das Backpapier spritzen und im vorgeheizten Backofen 1 Std. backen, bis Sie die Küsse sauber vom Backpapier abheben können. Abkühlen lassen.

In einem luftdicht verschließbaren Behälter sind die Baiser-Küsse bis zu 4 Wochen haltbar.

Dekomaterial, Utensilien & Bezugsquellen

MEIN DEKOMATERIAL

Farben und Tönungsmittel

Einige Anbieter haben sowohl essbare Farben als auch Farben zum Basteln im Programm. Bitte für die Torten und Cookies in diesem Buch nur Farben verwenden, die zum Verzehr geeignet sind!

essbares Goldglanzpulver (z. B. Antikgold von Sugarflair)
essbares Goldglanzspray (von PME)
essbares Perlmutt-Glanzspray (von PME)
essbarer Lebensmittelstift (von Rainbow Dust)
essbare Puderfarbe (von Sugarflair)
essbarer Goldglanzpuder (z. B. von Sugarflair)
Lebensmittelfarbpasten in Gelb, Rosa, Violett, Eisblau, Grün, Schwarz (z. B. von Sugarflair: Primelgelb, Altrosa, Fuchsia, Magenta, Eisblau, Pfefferminz, Schwarz Extra)

Streudekor und Dekorationen

rosafarbene & rote Mini-Glitzer-Zuckerherzen (von Twist Ingredients)
rote & rosafarbene Zuckerperlen/Nonpareilles (z. B. „Matt 100s and 100s Red and Pink Mix" von Twist Ingredients)
metallic-silberne Mini-Zuckerperlen (von Twist Ingredients)
kleine rosafarbene Glitzerperlen (von Twist Ingredients)
Knisterzucker (von Heston at Waitrose)
rosa-perlmuttfarbene Schokobälle (von Twist Ingredients)
Mini-Zucker-Schneeflocken (von Culpitt)
Streudekor („Sprinkles", z. B. Schneeflocken, rosafarbene, silberne und metallic-farbene Miniperlen von Twist Ingredients)
Mini-Baiser-Küsse (z. B. „Meringue Drops" von FunCakes)
Bordeauxfarbene Zuckerperlen/Nonpareilles („100s and 1000s" von Twist Ingredients)
Zuckerdekorationen (z. B. silberne Zuckersterne, silberne Zuckerstäbchen, rosafarbene Glitzer-Zucker-Vermicelli, rosafarbene und silberne Mini-Zuckerperlen, metallic-rosafarbene Perlen, 4 mm, von Twist Ingredients)
große Schokoperlen in Pink-Perlmutt, Blau-Perlmutt, Elfenbein-Perlmutt (von Twist Ingredients)

Essbare Blüten

gefriergetrocknete essbare Rosenblütenblätter (von Uncle Roy's)
blassrosafarbene Oblaten-Rosenblüten (von Culpitt)
hellgrüne Oblaten-Blätter (von Culpitt)
getrocknete essbare Blütenblätter, z. B. gelbe Ringelblume, blauer Mohn, rosa Nelke, orange Tagetes (von Uncle Roy's und DG Store UK)

Aromen

Zitronenextrakt (von Uncle Roy's)
Heidelbeerextrakt (von Uncle Roy's)
Pfefferminzextrakt (von Uncle Roy's)
Holunderblütenextrakt (von Uncle Roy's)

MEINE UTENSILIEN

Bienen-Silikonform (meine ist aus einem Set von Karen Davies)
flache Backformen, Ø 15 cm (z. B. von Alan Silverwood)
Rosensiegel-Prägestempel
Primelblüten-Ausstecher und Veiner-Set (z. B. von Blossom Sugar Art)
Osterküken-Cookie-Ausstecher (meiner ist aus einem Set von Wilton)
Mini-Tulpen-Ausstecher (meiner ist aus einem Set von R & M International)
sich überschneidende Kreisschablonen (z. B. von Designer Stencils)
geriffelter Tortenkamm (meiner ist aus einem Set von PME)
mittelgroße und große Fliegenpilz-Cookie-Ausstecher (meine sind von Cutter Craft)
mittelgroßes und großes Lamellen-Schablonen-Set (meines habe ich von Cuttersweet anfertigen lassen)
Rosen-Silikonform (von Katy Sue Designs)
Kürbisgesicht-Schablone (meine habe ich von Cuttersweet anfertigen lassen)
Dresden & Veining Tool (von PME oder JEM)
kleiner Geister-Ausstecher und Geister-Cookie Ausstecher-Set (von Cutter Craft)
„BOO"-Buchstabenstempel (aus einem Set von Sweets Stamp)
XXL-Schneemann-Cookie-Ausstecher (von RBV Birkmann)
Strick-Silikonform (von Katy Sue Designs)

Grobstrick-Silikonform (von Karen Davies)
Lebkuchenhaus-Ausstecher (aus einem Set von Dexam)
Reh-/Rehkitz-Cookie-Ausstecher, 6 cm groß (von Städter)
kleiner Weihnachtsbaum-Cookie-Ausstecher, 6 cm groß (von RBV Birkmann)
Mini-Schneeflocken-Ausstecher mit Auswerfer (aus einem Set von PME)
feinzackiger Seitenglätter (meiner ist aus einem Set von PME)
kleiner Eisbär-Ausstecher (meiner ist aus einem Set von Cutter Craft)
Streifen-Tortenkamm (von Evil Cake Genius oder Wilton)
klappbarer Zimtstern-Ausstecher (z. B. von Städter)

BEZUGSQUELLEN IM IN- UND AUSLAND

Wilms – wilms-aachen.de/
Jahreszeitliche Dekorationen und Blumen

RBV Birkmann – birkmann.de
Backformen und Keksausstecher

Städter – staedter.de
Backformen und Keksausstecher

CAKE MART – meincupcake.de
Alles rund ums Backen und Tortendekorieren

Sugarflair – sugarflair.com
Lebensmittelfarben

Cuttersweet – cuttersweet.com
Cookie-Ausstecher und Schablonen, auch Sonderanfertigungen

PME – pmecake.com
Tortendekorations-Material wie Spritztüllen und essbares Glanzspray

Twist Ingredients – twistingredients.co.uk
Essbare Dekorationen und Streudekor

Alan Silverwood – silverwood-bakeware.com
Preisgekrönte Profi-Backformen, entworfen und hergestellt in Birmingham (UK)

Culpitt – culpitt.com
Alles rund ums Backen und Tortendekorieren

Squires Kitchen Shop – squires-shop.com
Zuckerblütenpaste und alles rund um Tortendekorationen und Zuckerwerk

Uncle Roy's – uncleroys.co.uk
Hochwertige Extrakte und essbare Trockenblüten

Karen Davies – karendaviessugarcraft.co.uk
Silikon-Zuckerformen

Katy Sue Designs – katysuedesigns.com
Silikon-Zuckerformen

SweetStamp – sweetstamp.online
Künstlerpinsel, Buchstaben- und Schriftstempel

Sous Chef – souschef.co.uk
Biologisch abbaubare Spritzbeutel, spezielles Werkzeug und besondere Zutaten

Rainbow Dust – rainbowdust.co.uk
Lebensmittelfarben und essbare Lebensmittelstifte

Blossom Sugar Art – blossomsugarart.com
Blüten-Ausstecher und -formen

Cutter Craft – cuttercraft.co.uk
Ausgefallene Cookie-Ausstechformen

DG Store UK – dgstoreuk.com
Essbare Blüten und Gewürze

R&M International – morethanbaking.com
Ausstecher

Pineapple Circus – pineapplecircus.co.uk
Seidenblumen

Covent Garden Flower Market – newcoventgardenmarket.com
Seidenblumen und frische Blumen

Peggy at Home – peggyporschen.com
Peggys Sortiment an Backsets, Schürzen und speziellen Utensilien

Evil Cake Genius – evilcakegenius.com
Torten- und Cookie-Schablonen

Ateco – atecousa.com
Drehteller und allgemeines Backzubehör

Global Sugar Art – globalsugarart.com
Tortendekorationsmaterial

Sweetapolita – sweetapolita.com
Zuckerdekor.

Wilton – wilton.com
Utensilien zum Backen und Tortendekorieren, essbare Dekorationen

Designer Stencils – designerstencils.com
Torten- und Cookies-Schablonen

Register

M

O

P

R

S

T

U

V

W

Z

Dank

Ich habe immer fest an Teamarbeit geglaubt und an gemeinsame Diskussionen, um daraus die besten Ideen zu entwickeln. Ich sehe mich selbst als jemanden, der das Talent besitzt, begabte und gleichgesinnte Menschen dazu zu bringen, mich auf meiner Reise zu begleiten und mir zu helfen, meine Visionen Realität werden zu lassen. Dieses Buch bildet da keine Ausnahme und es ist das Ergebnis von harter Arbeit, Engagement und dem Zusammentragen vieler wundervoller Rezepte, Ideen und Kollektionen, die wir in den letzten Jahren im und für die Peggy Porschen Parlours geschaffen haben. Während die meisten meiner vorherigen Bücher sich auf ein bestimmtes Thema oder eine Tortenkategorie fokussierten, ist dieses Buch ein wenig anders.

2015, nach der Veröffentlichung meines neunten Buches *Love Layer Cakes*, entschied ich mich, eine Schreibpause einzulegen und mich darauf zu konzentrieren, die Marke Peggy Porschen Parlour aufzubauen und weiterzuentwickeln. Die Cafés wurden Weihnachten 2016 mit einem Schlag berühmt, als wir unser erstes pastellfarbenes Weihnachtsthema präsentierten. Es gab keine traditionellen Weihnachtsfarben, die Kollektion bestand aus rosa Weihnachtsmännern, und wir dekorierten unser Café in Belgravia mit pastellfarbenen Kugeln und jeder Menge Lichterketten. Es war ein Volltreffer! Im Sommer 2017 begann ich, mich mit ganzem Herzen unserer neu gefundenen Identität hinzugeben, und es zeichnete sich allmählich ein klares Muster ab. Wir sahen deutlich, dass es eine natürliche Synergie zwischen unseren jahreszeitlichen Angeboten und den künstlerischen Elementen, die sich durch unsere Dekorationen zogen, gab. Das aktuelle Buch präsentiert die Highlights aus all den wundervollen Jahreszeiten, die wir in unserer traumhaften *Boutique Bakery* präsentieren. Es enthält unsere legendärsten, beliebtesten, bewährtesten Rezepte und Designs, die wir seit Beginn von Peggy Porschen Parlour entwickelt haben.

Ich mag mich glücklich preisen, dass die folgenden Menschen meinen Weg kreuzten, mir die Augen öffneten, meinen Horizont erweiterten und mich lehrten, an mich selbst und meine Marke zu glauben und Wagnisse einzugehen. Diese Menschen haben mich inspiriert, zu wachsen und mich beständig weiterzuentwickeln.

Zunächst möchte ich Quadrille, meinem Verlag seit 15 Jahren (!), danken, und hier vor allem Céline Hughes und der Grafikerin Alicia House, die mit mir dieses wunderbare Buch geschaffen haben. Es ist mein zehntes Buch bei Quadrille und es ist mir ein absolutes Vergnügen gewesen, mit Euch zusammenzuarbeiten. Danke für Eure Unterstützung, die kreativen Anregungen, Eure Begleitung und die gemeinsame Begeisterung, um dieses Buch zu einem runden Ganzen werden zu lassen.

Zweitens möchte ich meinem engagierten Team danken, beginnend mit meinen sehr begabten und leidenschaftlichen Zuckerbäckerinnen – Patisserie-Chefin Alisée Lesobree und Sous-Chefin Emily Brook. Ich könnte nicht stolzer sein auf Euch und die essbaren Kunstwerke, die ihr jeden Tag herstellt. Eure künstlerische Expertise und Backkunst waren unschätzbar für die Entstehung dieses Buches. Von der Entwicklung der allerköstlichsten Rezepte bis zum Feinschliff, Testen und Dokumentieren, um sicherzustellen, dass alle Rezepte auch in der heimischen Küche gelingen, ist Eure Rolle entscheidend gewesen. Ihr seid ein beeindruckendes Team, und was genauso wichtig ist, es ist mir stets ein Vergnügen, mit Euch zu arbeiten.

Ein großes Dankeschön geht an unseren Blumendesigner Mathew Dickinson von Dickinson & Doris und an sein Team. Mathew ist einer der liebenswürdigsten und aufrichtigsten Menschen, die es gibt, und er spielt in der Entwicklung unserer jahreszeitlichen Themen und Dekorationen eine zentrale Rolle. Immer wieder bin ich aufs Neue von seinen Entwürfen begeistert. Ich bin so glücklich, dass wir uns wiedergefunden haben. Danke, dass Du meine Vision teilst und sie mit Deiner unendlichen Kreativität, Begeisterung und Unterstützung trägst. Du hast ganz sicher das Café-Konzept mitgeprägt und ohne Dich würde es heute nicht so aussehen. Danke, dass Du uns bei diesem Buch so fachkundig beraten hast! Ich freue mich, dass es mir möglich ist, Deine Arbeit verdientermaßen zu würdigen und Deine fantastischen Dekorationen mit dem Rest der Welt zu teilen.

Ein weiterer Dank gebührt unserem großartigen Fotografen Paul Plews, mit dem ich seit 2015 zusammenarbeite, nachdem er für seine schwangere Frau

Sue einsprang. Ich schätze mich glücklich, einen Fotografen gefunden zu haben, der sich mit unserer Marke identifiziert und meine Leidenschaft für Perfektion, Leistungsbereitschaft und Arbeitsmoral teilt. Du bist der netteste und freundlichste Mensch, mit dem man zusammenarbeiten kann, und ich habe volles Vertrauen in Dich und das, was du tust. Du wusstest es damals noch nicht, aber es begann mit einfachen Cutout-Fotos und entwickelte sich zu etwas ganz Besonderem, und ich habe immer gespürt, dass die Fotos, die wir von Beginn an machten, den Stoff zum Träumen hatten, der einfach in dieses Buch hineingehört. Ich hoffe, dass Du auf das Ergebnis genau so stolz bist wie ich.

Es fällt mir leicht, mich durch meine Kreationen auszudrücken, aber ich finde es anstrengend, mir Worte zu verleihen. Ich bewundere kreatives Schreiben; es ist ein universelles Talent, das ich gern besäße. An dieser Stelle möchte ich der unglaublich begabten Hannah Clifford danken, die so immens zu diesem Buch beigetragen hat. Danke für Dein wundervolles Talent, durch das Du meine Entwürfe und Kollektionen übersetzen konntest und sie in Geschichten eingebunden hast, die uns mitnehmen auf eine Reise der Fantasie. Ich schätze nicht nur Deine schriftstellerischen Fähigkeiten, sondern auch Deinen professionellen Beistand und Dein Vertrauen in mich, wenn ich unsicher bin und meine Kreativität gelenkt werden muss. Wenn ich mich selbst nicht verstehe und mir die Worte fehlen, dann schaffst Du es, mein „Geschwafel" zusammenzufassen, sodass es einen Sinn ergibt, und mich selbst als kreative, professionelle Person und als Mensch zu sehen. Ich liebe es, mit Dir zusammenzuarbeiten, und ich habe bislang viel von Dir gelernt. Ich kann Dir nicht genug danken, dass Du auf so großartige Weise dazu beigetragen hast, dass ich dieses Buch schreiben und die Geschichte unserer Reise erzählen konnte. Eine Reise, bei der Du geholfen hast, ihr eine Form zu geben und sie in eine inspirierende Geschichte zu kleiden, wodurch dieses Buch noch besonderer wurde und es zu etwas wurde, auf das ich unglaublich stolz bin.

Ich möchte meiner Haus-Designerin Kate Charlwood besonderen Dank aussprechen. Du hast großen Anteil daran, durch den gekonnten Umgang mit Grafik-Design die Cafés zum Leben zu erwecken. Unser natürliches Zusammenspiel bedeutet mir viel und ich bewundere Deine Fähigkeit, den Zauber Deines Designs auf vielfältige Art und Weise in die Kommunikation unserer Marke mit einfließen zu lassen. Danke, dass Du immer so fantasievoll, fleißig und schnell bist!

Ein erfolgreiches Backbuch muss vor allem für die Menschen nutzbar sein, die es lesen. Es ist manchmal ganz schön knifflig, Rezepte aus unserer Backstube mengenmäßig so anzupassen, dass auch Sie zu Hause sie erfolgreich umsetzen können. Ohne die Hilfe meiner fantastischen Armee von Testbäckern wäre dies nicht möglich gewesen; ihre Begeisterung und ihr Feedback sind unverzichtbar gewesen. Das ist ein besonderes Dankeschön an Familienangehörige, Kollegen, Freunde und Freunde von Freunden, die mir ihre Zeit und ihre Backerfahrung angeboten haben, um einige der Rezepte aus diesem Buch zu testen.

Ein Riesendank an meine Schwiegermutter Georgie und ihre Freundin Carol, meine Schwägerin Ella, Emma, Hannah und Leah, Charlene, Jovita und Silvia. Ich weiß es zu schätzen, dass Ihr Zeit und Mühe investiert habt. Und meine liebe Schwiegermutter Georgie, die in Neuseeland lebt, schrieb sogar ein Gedicht über ihre Erfahrung beim Backen, das ich gern mit Ihnen teilen möchte – siehe nächste Seite!

„Carol & Georgie made a cake
It was so special, there could be no mistake
To be included in a new 'Coffee Table Book'
The taste was vital, along with a perfect look
Every ingredient weighed with precision
No deviation or alternative personal decision
Weighing egg whites must be tricky
Any spillage would be rather sticky
Unlimited patience was required
A perfect result was desired
An acknowledgement will surely come their way
As the author will surely thank them & say
'Well done Ladies for taking on the task
You have done all I could possibly ask."

Es gibt so viele Menschen, die für uns gearbeitet und ihre Spuren hinterlassen haben, indem sie die Marke Peggy Porschen Parlour über die Jahre zu dem gemacht haben, was sie heute ist. Ich möchte Euch allen für Euren Beitrag, Eure harte Arbeit und Euer Engagement danken – all das hat uns geholfen, die Marke zu werden, die wir heute sind. Es gibt einen Menschen, dem ich besonders danken möchte – meine liebe Freundin und frühere Küchenchefin Franziska Klausmann. Erst durch Dich habe ich verstehen gelernt, wer wir als Marke wirklich sind und wohin wir mit unserem Verkaufskonzept gehen sollten. Zusammen mit Dir habe ich Weihnachten 2016 eine neue Identität für unser Produkt- und Markenerlebnis entwickelt, an dem wir noch heute arbeiten. Ich schätze Deine Leidenschaft, Deine Begeisterung und Deine fortwährende Unterstützung und Beratung sowie die kreativen Gespräche, und ich danke Dir dafür, dass ich heute noch immer mit meinen Ideen zu Dir kommen kann. Ich hoffe, Du bist stolz, dass du in diesem Buch einige Rezepte und Entwürfe entdeckst, an denen Du während Deiner Zeit bei uns mitgearbeitet hast.

Ich möchte meinen wunderbaren Kunden, Medien-Freunden und Influencern danken, genau wie unseren geschätzten Social-Media-Fans, die seit Jahren an unserer Seite sind und unser Wachstum unterstützen, indem sie die Liebe für unsere Arbeit teilen. Es gibt hier so viele Namen, aber ich möchte @victoriametaxas und @therollinsinlondon erwähnen; ihr zwei wart unter den Ersten, die die Magie unseres Cafés entdeckten. Eure wunderbaren Fotos haben über die Jahre die Kulisse geschaffen und dazu beigetragen, in diesem Buch unser Lebensgefühl weiterzugeben, und ich bin vor allem stolz auf die legendären Aufnahmen im Sommer 2017, die Euch so wunderbar gelungen sind; ein Dank auch an @prettycitylondon für Deine authentischen Fotos und die Darstellung der Cafés von ihrer hübschesten Seite und für die Veröffentlichung in Deinen schönen Büchern; so schafften wir es auf die „Pretty City London"-Karte; Autorenkollegin @georgiannalane, ich bin stolz, dass unser Belgravia-Café auf das Cover Deines wundervollen Buches *London in Bloom* kam – es fing die Verträumtheit unseres Ortes wahrhaftig ein; @wanderforawhile für die pure Freude, die Dein Styling und Deine Fotos uns geben, und für Deine Unterstützung; @gulshanlondon und @galinathomas, die Stil und Eleganz in unsere Cafés brachten; @hellomissjordan für den Hauch von betörender Magie in jeder neuen Saison. Ein besonderer Dank auch an Cally Squires von @belgraviamagazine, die sich in unserer Nachbarschaft so eloquent für uns einsetzt. Und auch Mena @onjenu und Farley @ladyberrycupcakes, neben so vielen anderen, für die anhaltende Unterstützung, indem ihr uns Frauen als Unternehmerinnen in den Blickpunkt rückt. Auch @ritafarhifinds, @eatnlondon, @londoncoffeeshops, @bei.bei.wei, @freyasfairytale, @catherine.mw, @sophiesierra_, @emmasallyh, @ananewyork und viele andere: Danke für Eure Unterstützung und für alles, was ihr getan habt. Ich ermuntere die Leser dieses Buches, diesen inspirierenden Frauen auf Instagram zu folgen.

Ein Dankeschön an meine Familie in Deutschland, die Ihr aus der Ferne an meiner Seite seid und alle Höhen und Tiefen der letzten Jahre mit mir teiltet. Danke, dass Ihr immer an mich denkt, mich begleitet und mich immer erdet. Und für Eure immerwährende Liebe und Unterstützung.

Nicht zuletzt geht mein größtes, von Herzen kommendes Dankeschön an meine beiden großartigen Jungs – meinen Mann und Geschäftspartner Bryn und meinen siebenjährigen Sohn Max. Das Schreiben an diesem Buch während des Lockdowns 2020 und der anhaltenden Covid-Pandemie war eine Herausforderung und bedeutete zusätzlichen Druck auf mein Familienleben in einer ohnehin noch nie gekannten Situation. Danke, dass ihr mir die Zeit und den Raum gegeben habt, die nötig waren, um dieses Buch zu schreiben. In der Lage zu sein, mich auf ein neues Projekt zu konzentrieren, während alles still zu stehen schien, half mir, mich zu fokussieren, und gab mir etwas, auf das ich mich freuen konnte, während die gesamte Gastronomie litt. Dies wäre mir ohne Eure Geduld und Euer Verständnis nicht möglich gewesen. Ich hoffe, dass ich Euch so stolz mache, wie Ihr mich stolz macht. Dieses Buch ist Euch gewidmet: Ich liebe Euch so sehr!

Originalausgabe unter dem Titel
A Year in Cake. Seasonal Recipes and Dreamy Style Secrets From the Prettiest Bakery in the World.

erschienen bei:
Quadrille, an imprint of Hardie Grant Publishing
52–54 Southwark Street
London SE1 1UN
quadrille.com

Verlagsleiterin: Sarah Lavelle
Verantwortliche Senior-Redakteurin: Céline Hughes
Grafikerin: Alicia House
Food- und Deko-Stylistin: Peggy Porschen
Produktionsüberwacher: Nikolaus Ginelli
Produktionsleiter: Stephen Lang

Für die deutsche Ausgabe:
Produktmanagement und Lektorat: Stephanie Iber
Übersetzung: Birgit van der Avoort
Covergestaltung: Eva Grimme
Herstellung: Katrin Röhlig
Satz: Arnold & Domnick, Leipzig

1. Auflage 2021

Turbinenstraße 7, 70499 Stuttgart
ISBN 978-3-7724-7294-7 • Best.-Nr. 7294

FSC www.fsc.org MIX Paper from responsible sources FSC™ C020056